KB049064

Thank
you
again

Thank you again

땡큐 어게인

초판 1쇄 인쇄 _ 2020년 12월 1일
초판 1쇄 발행 _ 2020년 12월 5일

지은이 _ 박찬환
펴낸곳 _ 바이북스
펴낸이 _ 윤옥초
책임 편집 _ 김태윤
책임 디자인 _ 이민영

ISBN _ 979-11-5877-215-4 03190

등록 _ 2005. 7. 12 | 제313-2005-000148호

서울시 영등포구 선유로49길 23 아이에스비즈타워2차 1005호
편집 02)333-0812 | **마케팅** 02)333-9918 | **팩스** 02)333-9960
이메일 postmaster@bybooks.co.kr
홈페이지 www.bybooks.co.kr

책값은 뒤표지에 있습니다.
책으로 아름다운 세상을 만듭니다. ― 바이북스

미래를 함께 꿈꿀 작가님의 참신한 아이디어나 원고를 기다립니다.
이메일로 접수한 원고는 검토 후 연락드리겠습니다.

Thank you again

박찬환 지음 **땡큐 어게인**

바이북스
ByBooks

머리말

코로나로 전 세계가 아우성이다. 우리나라는 방역을 잘하고 있다지만, 웃으면서 살 수만은 없는 것이 현실이다. 백신이 아직 개발되지 않은 상황이라 아무리 방역을 잘한다 해도 코로나의 위험 앞에서는 움츠러들 수밖에 없다. 실제로 많은 것이 움츠러들었다. 경제도, 교육도, 가정도, 스포츠도, 여가생활도.

그런데 이런 상황에서 나는 감사를 이야기하려고 한다. 도무지 감사할 수 있는 상황이 아닌 데도 말이다. 하지만 어려울 때 하는 감사가 진짜 감사라고 말할 수밖에 없다. 어려울 때 감사하면 어려움이 물러가고, 그 자리에 행복이 들어선다고 말할 수밖에 없다. 우리 모두가 행복하게 살기를 바라기 때문이다. 모두가 행복한 세상을 나는 꿈꾸기 때문이다.

이 책은 내가 감사하다고 말할 수밖에 없는 '이유'를 기록했다. 공감을 받을지 자신 없지만, 평가를 받을 기회가 주어진 것에 감사하는 마음으로 썼다. 감사가 세상에 널리 번지는 데 조금이나마 이

바지하기를 기대하는 마음으로 세상에 내놓았다.

독서를 즐기는 나는 특히 성공한 사람들의 이야기를 담은 책을 좋아한다. 아마도 성공을 바라는 마음이 내 안에 있기 때문일 것이다. 어쩌면 나는 소위 '대박'을 꿈꾸는지도 모르겠다. 뜬금없는 소리로 들릴지 모르겠지만, 성공 혹은 대박을 꿈꿀 수 있다는 것도 나는 감사하다. 누군가는 이런 나를 보고 실없는 사람으로 여길 수도 있을 것이다. 성공하고 나서 감사해도 늦지 않을 텐데, 너무 나서는 느낌이 들어 내가 이상하게 보일 수도 있을 것이다. 하지만 머리말에서 구구절절 설명할 마음이 내겐 없다. 그렇다면 곧바로 독자를 잃게 될 테니 말이다.

여하튼 성공한 사람들의 이야기를 통해 나는 그들에게서 한 가지 공통점을 발견했다. 감사였다. 성공한 사람들은 감사를 몸소 실천한 사람들이었다. 그들의 성공 배경에는 감사가 자리하고 있었다. 놀라운 점은 성공을 이룬 사람들은 실패했을 때도 감사의 마음을 잃지 않았다는 사실이다. 성공자들에게 실패는 절망과 포기로 이끄는 수레가 아니라 발전과 희망을 보여주는 등대였다.

실패하려고 인생을 사는 사람은 없을 것이다. 누구나 성공을 원한다. 성공해서 행복하기를 꿈꾼다. 그래서 기를 쓰며 산다. 열심히 일하고, 딴 데 한눈 팔지 않고, 개미가 먹이를 모으듯 돈을 모은다. 어떤 이는 남을 이용하거나 짓누르기도 한다. 이 부도덕한 행위를 제외한 나머지는 성공을 위해 필요한 행위이다. 그러나 이것만으로는 부족하다. 일시적인 성공을 이룰 수 있을지는 몰라도 지속하기는 어렵다. 진정한 행복까지 품에 안기는 어렵다.

감사가 있어야 한다. 감사가 없다면 성공도, 행복도 없다. 나는 단언할 수 있다. 단언할 수 있는 근거가 여기 이 책에 담겨 있다. 흔히 말하는 '현혹하기나 미혹하기'가 아니다. 내겐 누군가를 '현혹하고 미혹할 만한' 재능은 모자라다. 아니, 그런 재능을 조금이라도 갖고 태어나지 않았다. 내게 있는 것이라고는 진심뿐이다.

나는 함께 더불어 사는 세상을 꿈꾸며 감히 지금 이 시점에 여러분에게 감사를 꼭 꺼내놓고 싶었다. 어려울 때일수록 자신을 돌아봐야 하기 때문이다. 50세가 넘은 인생의 중반에서 삶을 뒤돌아보면 12살 때 사랑이 많으시던 아버지께서 병환으로 돌아가셔 깊은 마음에 상처로 인해 사춘기에 방황하는 시절을 보냈다. 그리고 나는 사업을 시작하고 수완이 좋았던지 꽤 인정받는 삶을 살았지만 우여곡절을 겪었다. 그때 나 자신을 돌아보고, 새로운 나로 거듭나기 위해 노력했다. 강의를 찾아다니고, 멀리 가려면 여럿이 가라는 말처럼 뜻을 같이한 이들과 함께하는 생활을 했다.

블로그나 카페를 통해 모닝미라클을 하는 분들이 많다. 눈을 뜨자마자 하루를 시작하면서 서로가 인사를 나누고 감사일기를 쓴다. 이런 감사일기 역시 생각을 통해서만 가능하다. 나를 성찰하고 오늘도 어떤 마음으로 살아갈 것인지 마음을 다지고 결심하는 것이다. 나 혼자로는 안 되기 때문에 여러 사람 앞에서 선언하고 함께하면서 시너지를 받기 위함이다.

나는 3년 6개월 동안 3,000권의 책을 읽으면서 감사의 위대함을 알게 되었다. 감사가 왜 자기계발서에서 한 부분을 차지하게 되었는지를. 성공하는 사람들의 공통점이 감사하는 삶이라는 것을.

감사는 우리 심장이나 몸 그리고 정서에 좋은 반응을 일으킨다는 연구 결과도 있다. 만일 우리가 타인에게 감사하는 마음을 갖는다면 타인을 사랑하는 마음이 생겨날 것이다. 지속적인 감사의 에너지는 어려움에서 성공으로 이끄는 힘이 된다. 살아가면서 인간 관계로 상처받은 마음과 경제적인 어려움에 처해 있는 사람들에게 희망을 잃지 말고 아무리 힘들어도 인생은 감사할 것이 많다는 것을 이야기 해주고 싶었다.

감사를 찾는 생활을 하면 삶이 달라졌다. 불안과 초조를 항상 달고 살던 삶이 감사 생활을 하면서부터 세상을 긍정적으로 보게 되고 저절로 감사거리가 눈에 보였다. 신앙을 가진 나는 하나님이 나에게 부여한 달란트에 대한 몫도 거듭 확인하게 된다. 무심히 스쳐갔던 사람과 사물을 보면서 내가 할 일을 찾게 되고, 현재 나의 상태가 얼마나 감사한지 알게 되었다. 감사의 힘은 할 수 있다는 열정과 용기를 주었다. 때로는 감사에 대한 마음이 흘러넘쳐 콧노래가 나오고 혼자서 중얼거리며 감사합니다, 감사합니다를 연발할 때도 있다.

여러분도 감사의 위대함을 느껴보시길 바란다. 한 해를 무탈하게 보냄에 감사하고, 밝아오는 새해는 여러분의 입에서 감사합니다를 연발하는 한 해가 되기를 소망한다.

땡큐 어게인!

c o n t e n t s

Thank
you again

Chapter 1

감사를
선택하라

세상에서 감사하는 것이
제일 힘들다.
그래서 부자가 많이
없는 것이다……

Thank
you!

감사하면 부자가 된다

세상의 모든 물질과 비물질은 에너지로 되어 있다. 돈은 물질이자 에너지이고, 마음은 비물질이자 에너지이다. 물질인 돈을 비물질인 마음으로 끌어당길 수 있다. 둘 다 에너지이기 때문이다.

나는 부와 관련된 수많은 책을 읽고, 부를 축적한 사람들을 직간접적으로 만났다 그들은 공통적으로 좋은 에너지를 가지고 있다. 그 좋은 에너지들을 집약하면 '감사'로 표현할 수 있겠다. 성공한 사람들 대부분은 감사라는 상위 의식을 바탕으로 성과를 이루었다.

과학자들은 우리가 하루에 오만 가지 생각을 하며 살아간다고 한다. 이 세상은 생각 천지이다. 생각(마음)이 모든 것을 만들어낸다. 사주, 관상, 역학, 심리학, 종교 등의 각종 서적을 탐구하고 내가 깨달은 것은 '생각이 팔자'라는 사실이다. 사람의 운명은 본인의 생각대로 정해진다. 성공해야겠다고 생각하면 성공하는 것이고, 자살해야겠다고 생각하면 자살하는 것이다. 힘들어서 쓰러져도 다시 일어나서 도전해야겠다고 생각하면 도전해서 결과를 내는 것이다.

생각과 물질은 같다. 생각이 물질이 된다. 무엇을 만들겠다고 생각한 것이 물질이 된다. 볼펜을 만들겠다는 생각이 볼펜이 되어 나타나고, 가방을 만들겠다는 생각이 가방이 되어 나타나는 것이다. 돈도 마찬가지이다 돈을 벌어야겠다는 생각이 돈으로 나타난다. 생각이 물질이 되어 나타나는 것이다. 앞서 말했듯 생각도 에너지이고 물질도 에너지이다. 에너지가 에너지를 끌어온다.

삶은 온갖 어려움의 연속이다. 크고 작은 사건 속에 우리는 살아가고 있다. 그런 삶 속에서 긍정적인 핵심 키워드를 가지고 사는 것이 유익하다. 그 핵심 키워드는 바로 감사다. 감사는 고통에서 벗어날 수 있는 힘을 부여한다. 감사의 에너지를 높이자. 그러면 삶이 즐거워지고, 돈의 에너지도 덩달아 따라올 것이다.

생각은 보이지 않는 힘을 가지고 있다. 그 힘은 인력(引力)이다. 그러니 부정적인 생각을 찾아내 제거하고, 긍정적인 생각을 키워야 한다. 그러면 좋은 운이 에너지로 다가온다. 그 운을 부르려면 자신이 바라는 것에 이미 받은 것처럼 미리 감사하는 마음을 습관화해야 한다. 그것을 이루면 자신이 목표한 것을 이룰 수 있다. 길을 가다 흙탕물을 피하는 일에도 기뻐하며 감사하는 마음을 갖자.

작은 것에 감사할 줄 알아야 감사의 마음을 키울 수 있다. 그렇게 자라난 감사는 큰 힘을 발휘한다.

미국의 데보라 노빌은 감사의 힘을 삶에 적용한 사람이다 그녀는 NBC뉴스와 CBS 뉴스 등 방송사에서 진행자와 기자로 활동했는데, "사소한 것에도 고마워할 줄 아는 삶을 살아가는 가장 큰 에너지가 바로 감사에서 비롯된다"는 사실을 깨달아 감사의 삶을 실천했다고 한다. 데보라 노빌은 최소한의 노력으로 원하는 목표를 이룰 수 있다고 믿었으며, 세상은 정말로 고마워할 일이 많다고 말했다.

나도 데보라 노빌의 마음가짐을 삶에 적용한다. 마음 아픈 일이 생기거나 부정적 감정이 생길 때 감사할 일을 떠올려 긍정화시키는 작업을 하는 것이다. 나는 생각이 나의 운명을 결정 지으며, 성공도 행복도 내 것이 된다는 믿음을 가지고 살아간다.

실제로 내가 이를 실천해서 얻은 8가지를 여기 소개한다.

1. 낙천적인 성격으로 변했으며, 열정적으로 활동하게 되었다.

2. 운동을 꾸준히 하게 되었다.

3. 숙면을 취하게 되었으며, 눈에 띄게 건강해졌다.

4. 다양한 것에 흥미가 생겼으며, 열린 시각으로 상황을 바라보게 되

었다.

5. 결단력이 강해졌고, 체계적으로 일처리를 한다는 이야기를 듣게 되었다.

6. 다른 사람들로부터 관대하고 친절한 사람이라는 평판을 얻었다.

7. 인생의 목표를 다시 세웠으며, 그것을 이루기 위해 노력하게 되었다.

8. 나는 가족과 관계가 돈독해졌다

부자들은 인간관계에서 부정적인 말이 에너지를 빼앗는다고 생각한다. 가난한 사람들이나 운이 좋지 않은 사람들은 "나는 재수가 없다"라고 하는 부정적인 말들을 자주한다. 부정적인 말을 생활화하면 몸속의 기운이 빠지고 마음이 약한 상태로 살아가게 된다. 반대로 "난 정말 재수가 좋아"라고 말하는 것만으로도 마음의 에너지가 상승한다. 이것은 단순하지만 진리이다.

수많은 성공학에 대한 책에서 얻은 진리이다. 진리는 의외로 단순하다. 복잡하지 않다. 그런 긍정적인 마음 상태의 사람에게는 좋은 일만 계속 일어난다. 그러므로 말로 사람들에게 좋은 에너지를 보내야 한다. 말은 곧 에너지이자 좋은 파동이다. 최고의 파동이다.

감사 또한 에너지이자 좋은 파동이다. 감사하는 마음을 가진 사람은 모든 일에 부정적이고 불만이 많은 사람들보다 삶에 대한 만족도가 높다. 감사는 우리 심장이나 몸 그리고 정서에 좋은 반응을 일으킨다는 연구 결과도 많이 있다. 만일 우리가 타인에게 감사하는 마음을 갖는다면 타인을 사랑하는 마음이 생겨날 것이다. 지속적인 감사의 에너지는 어려움에서 성공으로 이끄는 힘이 된다.

내가 느낀 감사의 힘을 6가지만 소개한다.

1. 감사는 불안한 마음을 안정시키고 에너지를 높인다.
2. **감사는 인간관계를 향상시키고 갈등을 해소시킨다.**
3. **감사는 일에 대한 만족감과 자신감을 높인다.**
4. **감사는 변화나 위기에 대한 대처 능력을 향상시킨다.**
5. **감사는 성공을 완성시킨다.**
6. **감사는 자신에게 유익한 사람들을 끌어들인다.**

감사하는 마음, 즉 감사 의식은 하루아침에 만들어지지 않는다. 사람의 의식에는 부정적인 마음이 많이 자리하고 있기 때문이다. 꾸준한 연습과 노력 없이는 사람의 의식 속에 있는 부정적 감정과 불평 불만을 처리하지 못한다. 부단한 연습과 노력으로 감사 의식을 키우면 삶은 긍정적으로 변한다.

꿈을 이루는 사람보다 꿈을 이루지 못하는 사람들이 더 많다. 꿈을 현실로 이루는 사람들은 어떤 사람들일까? 고대인들에게는 비밀처럼 가지고 있는 신념들이 있었다. 그중 하나는 믿음의 법칙이다.

한편 꿈을 현실로 만드는 1%의 방법에 대해 역설한 그렉 브레이든은 감사에 대해서 핵심을 말했다. 그는 "이미 이루어졌다고, 이미 받은 줄로 믿고 감사의 표현을 할 때 기도가 이루어진다는 것"이라고 했다. 이것이 바로 고대인들의 믿음의 법칙이다.

그렉 브레이든은 20년간 사라진 고대 문서들을 연구하여 고대인들의 기도 방식을 찾아냈다. 고대인들의 기도 방식은 감사였다. 꿈을 현실로 이룬 사람들의 비결 역시 감사였다. 그들은 이미 이루어졌다고 믿으며 감사한 마음을 가졌다. 그 마음이 긍정적인 성과를 불러온 것이다.

고대인들은 감사하는 마음을 통해 신과 직접 소통하여 창조의 힘을 발휘한다고 믿었다. 또한 마음에 물질을 움직이는 힘이 있다고 믿었다. 의식이 세상을 창조한다고 믿었다. 바로 감사 의식을 최고의 경지로 여긴 것이다.

감사하는 마음은 우리가 선택한 것들을 세상에 불러오게 한다. 감사하는 마음은 우리 삶의 생명 활동을 활발하게 만들고 마음의 편안함과 해방감을 맛보게 만든다.

삶 속에서 우리는 수많은 상처들을 받으며 살아가고 있다. 누구나 상처들을 안은 채 인간관계를 지켜간다. 수많은 상처를 치유하며 '나'와 이웃 그리고 사회를 평안하게 만드는 방법은 감사이다. 감사는 노여움, 분노, 시기, 질투 같은 나쁜 감정을 긍정적 감정으로 치유하는 최고의 치료법이다.

감사는 우리의 삶을 지탱하는 기초석이다. 하지만 인간의 의식은 쉽게 올라가지 않는다. 수행, 훈련을 해야 한다. 의식도 근육처럼 단련이 필요하기 때문이다. 그러기 위해서 의식적으로 이런 말들을 하며 살아가기를 권한다.

"우리를 축복해주셔서 감사합니다."

"세상을 축복해주셔서 감사합니다."

"저의 기도를 들어주셔서 감사합니다."

하루의 시간을 감사의 시간으로 보내느냐 불평의 시간으로 보내느냐는 각자의 선택에 달려 있다.

어느 유태인 대부호의 말이다.

"내가 이 세상에 제공한 서비스의 양과 질이 그대로 나에게 보수가 된다."

성공한 사람은 일에 깊이 몰두하며 자신의 일을 사랑한다. 현재에 감사함을 느끼며 살고 돈보다 일에 가치를 둔다. 또한 삶에 대해 긍정적이다. 이러한 태도들이 부자를 만드는 비밀이다. 결국 인생의 결과는 자신의 의도대로 얻어진다는 것이다. 그래서 우리는 항상 감사해야 한다. 감사하면 행복한 일이 많아지고, 그러면 행복한 부자로 살게 될 것을 나는 믿는다.

에스더 힉스와 제리 힉스 부부는 끌어당김의 법칙을 바탕으로 인생의 중요한 문제들에 실제적이고 구체적인 해법들을 제시한 인물들이다. 그들은 긍정적인 삶을 살면 변화되는 인생을 살며 마음이 행복할수록 부자가 된다는 비밀의 메시지를 전한다. 그들은 수많은 성공자에게 정신적인 가르침을 주었고, 20년간 800여 종의 도서와 교육을 선물하였다. 그들은 모든 경험은 자신이 끌어온다고 말하며 끌어당김의 법칙은 일관되게 작동한다고 했다. 즉 우리는 우리가 창조해내는 것의 열쇠를 가지고 있다는 것이다. 그들의 핵심 메시지는 "좋아지는 것은 더욱 좋아지고 나빠지는 것은 더욱 나빠진다"는 것이다. 그렇다면 우리의 의식 주파수는 긍정적 주파수에 맞추어야 한다. 부정적인 주파수는 부정적 결과와 연결되니 말이다. 이 메시지는 "감사하면 감사할 일이 많아진다"는 메시지와 원리가 같다.

감사하자. 그것을 명심하자. 그리고 자주 표현하자.

"사랑합니다."
"고맙습니다."
"감사합니다."

부자를 만드는 자세

운동도 자세가 좋아야 하고, 기술도 자세가 좋아야 한다. 부자도 자세에 달려 있다 바로 정신 자세이다. 나는 성공한 사람들과의 만남과 수많은 책을 통해서 부자가 되는 지혜, 원리, 방법을 찾아냈다. 성공한 사람들 혹은 부자가 된 사람들에게는 핵심적인 자세가 있었다. 그것은 바로 감사하는 마음을 바탕에 두는 자세였다. 세상의 많은 사람들이 가난한 이유는 감사하는 마음이 부족하기 때문이라는 것을 나는 알게 되었다. 지식이 많지만 감사할 줄 모르는 사람보다 조금 무식하더라도 늘 감사하는 마음을 가진 사람이 나중에 더 부에 가까이 갈 수 있다는 것을 목격할 수 있었다. 어마어마한 부를 만들지는 못하더라도 넉넉한 부자가 되는 것이다. 넉넉한 부자는 행복한 부자다.

감사하는 마음은 우주의 좋은 에너지와 조화를 이루도록 도와준다. 감사하는 마음을 가지면 자연스럽게 원하는 것이 '나'에게 오기 시작한다. 감사는 최고의 성공 법칙이다. 원하는 결과를 얻으려면 반드시 이 법칙을 따라야 한다고 성공자들도 강조한다. 이 법칙을 마음 깊이 지속적으로 강하게 가지면 주위 사람들도 긍정적으로 반응한다. 감사는 마음과 마음을 연결하는 힘이 있다.

감사를 습관화하는 것이 중요하다. 감사가 습관이 된 사람은 언제나 좋은 것을 생각하고 기대한다. 그러한 생각과 기대는 신념으로 발전한다. 어떤 일에 성과를 내기 위해서는 감사의 신념을 지속적으로 향상시켜야 한다. 성경에도 모든 일에 감사하라고 했다. 이것은 하나님의 뜻이라고 명령하였다. 성경에는 하나님이 명령한 것이 많다. 감사하라는 것도 명령에 속한다. 감사하면 복이 온다는 답을 하나님이 가지고 있기 때문일 것이다.

감사하는 마음은 늘 최상의 것만 생각한다. 최상의 것만 생각하면 최상의 존재가 되는 경향이 있다. 즉 마음의 문제다. 자기계발의 대가들은 "모든 것은 바로 마음의 문제"라는 메시지를 공통적으로 전한다. 성공하는 사람들의 성공 이유는 성공하는 생각의 습관을 가졌기 때문이다. 성공하는 생각이란 바로 감사하는 마음이다.

저명한 사상가인 랄프 왈도 에머슨은 이렇게 말했다.

"매일매일 무슨 생각을 하느냐에 따라 그 사람의 인생이 달라진다."

생각이 가진 위대한 힘을 우리는 믿어야 한다. 긍정적 생각과 표현이 긍정적 결과를 이끌어낸다는 단순한 원리를 우리는 알아야 한다. 우리는 우리가 생각하는 모습대로 된다.

《끌어당김의 법칙의 세 가지 비밀》의 저자 리차드 잉거솔은 "욕망을 실체화할 수 있는 비밀은 우리의 말"이라고 했다. 또한 "우리가 하는 말은 우주에서 가장 강력한 무기"라고도 했다. 말은 에너지와 소리를 창조하고, 말 뒤에 우리의 의도가 그 에너지를 사용하기 때문이라는 것이 그 이유다. 입 밖으로 나온 말에서는 엄청난 힘이 만들어진다. 삶의 고수들은 자신의 말이 대단히 강력하다는 것을 잘 알고 있다. 나도 그것을 잘 알고 있다. 나는 말이 물질이 되고 생각이 물질이 된다는 것을 확신한다. 말이 에너지이고 생각이 에너지이다. 사실 나는 생각과 물질은 같다고 생각한다. 따라서 생각한 대로 돈도 끌어당길 수 있다고 나는 믿는다. 돈도 에너지이기 때문이다. 그러므로 행복하고 긍정적이고 감사한 생각을 가져야 한다. 그 생각을 소리 내어 말하는 습관을 가져야 한다.

"나는 부자다."

"나는 백만장자다."

"나는 감사한 일이 많은 사람이다."

말은 창조의 씨앗이다. 없는 것을 있게 만드는 것이 창조다. 자신이 창조하겠다고 생각하고 표현하면 현실이 된다. 자주 지속적으로 반복하라. 성공학의 핵심 단어는 반복이다. 자주 말을 하고 자주 반복하라. "반복을 이길 장사는 없다"라고 나는 말한다. 반복 즉 끈기와 인내의 답은 성공이다. 자신의 몸과 마음에 각인이 될 때까지 반복하라. 감사를 반복하라. 감사할 일이 반복으로 올 것이다.

나는 경영자로 살면서 감사의 중요성을 체험하고 살았다. 경영의 성과의 핵심은 직원과의 관계가 90% 이상이라고 강조해도 지나치지 않다. 결국 경영은 경영자가 다 하는 것이 아니기 때문이다. 직원이 최선을 다하지 않으면 경영은 어려워진다. 급여 문제, 근태 문제, 고객접객 문제 등 다양한 문제들이 경영자를 괴롭힌다. 긴 세월 동안 경영을 하면서 실수와 시행착오를 해왔다. 시행착오 끝에 복잡다단한 문제를 해결할 수 있는 방법은 바탕에 감사하는 마음을 두어야 한다는 것을 깨달았다. 진정으로 감사하는 마음은 수많은 문제들을 풀어나갈 수 있다. 진정한 감사는 사람의 의식 수준을 높여 사람들에게 선한 영향력을 줄 수 있다. 마음을 활짝 열고 진정한 감사의 상태에 오를 때 우리의 잠재력은 끝없이 올라간다. 우리는 감사의 힘으로 인간관계를 만들어가야 한다. 그것은 부로 연결된다. 이것이야말로 부를 축적하는 확실한 방법이다.

감사하면 할수록 더 빨리 부를 모을 수 있는 힘이 생길 것이다. 자신이 만족할 만한 재정 상태를 누리려면 적극적인 감사의 태도를 습관화해야 한다. 당신은 백만장자도 될 수 있고 억만장자도 될 수 있다. 당신이 원하는 부의 목표 금액을 적고, 간절히 원하고 믿고, 이루어진 것에 감사하라. 부를 쌓는 가장 좋은 방법은 감사하는 마음과 감사의 말이다. 돈이 에너지라는 것을 자주 반복하라. 돈도 사랑받고 싶어 하고 인정받고 싶어 한다. 부자가 되는 것을 원하고 감사하라. 돈의 소중함을 인정하고 돈에 대해서도 감사의 마음을 활성화시켜라.

이제 부의 기적이 나타나는 자기긍정의 말들을 소개한다.

1. **나의 재정적 풍요에 감사한다.**
2. **나의 현재의 재산 형태들에 감사하고, 곧 나타날 재산의 형태들에도 감사하다.**
3. **나는 사람들에게 서비스를 제공하는 것에 감사한다. 더 많은 서비스를 제공할수록 더 많이 얻는 것을 믿는다.**
4. **나는 서비스를 제공해준 돈에게 감사한다.**
5. **나는 일하는 것을 좋아한다.**

이 5가지 말들을 실천하고 삶에 적용하기 바란다.

저자 고이케 히로시는 《2억 빚을 진 내게 우주님이 가르쳐준 운이 풀리는 말버릇》에서 벼랑 끝에서 우주와의 연결을 생각해낸 자신의 일화를 소개한다. 그는 긍정적인 말버릇으로 잠재의식을 정화함으로써 2천만 엔의 빚을 모두 변제하고 인생을 역전시키는 데 성공한다. 그의 원리는 "내가 우주에게 주문한 대로 이루어진다는 것"이다. 사람이 원하는 것을 우주가 들어준다는 원리이다. 이 원리를 믿고 말을 하자. 긍정적인 말을 하고, 감사의 말을 하자. 말로 표현하면 현실이 된다.

소원을 이루게 하는 세 가지 규칙이 있다.

1. 나는 결과를 정하고 완료형으로 말한다.
2. 나는 영감이 떠오르면 곧바로 실행한다.
3. 나는 말버릇을 감사와 긍정으로 바꾼다.

나는 이 세 가지 규칙을 습관화했다. 고이케 히로시처럼 긍정적인 말버릇으로 성공적인 삶을 살기 위해서다.

우리는 하루에도 수많은 말을 하고 살아간다. 뜻밖에 튀어나온 말로 후회도 하고, 때론 남에게 상처 주는 말도 한다. 평소에 어떤 말을 하는가에 따라 인생이 바뀔 수 있다. 소원이 이루어질 수도 있고, 깨질 수도 있다. "잘될 리가 없어, 나는 할 수 없어, 나는 못해"라고 말하면 절대 이루어지지 않는다. 이런 말들도 고스란히 우주에 전달된다.

자기 앞에 일어나는 대부분의 일은 자기 책임이다. 인생의 기적을 만들고 싶다면 생각과 말을 바꾸어야 한다. 긍정적인 말과 "감사합니다"를 많이 하면 인생이 바뀐다. "감사합니다"는 최상의 긍정적 에너지이다. 말은 강력한 힘이다. 나는 일을 하는 공간에서 '감사합니다, 고맙습니다. 사랑합니다, 당신은 운이 좋은 사람입니다'라는 글귀를 액자로 만들어서 걸어 놓고 일을 했다. 성공의 제1 원칙을 감사로 삼고 직원실에 액자로 만들어 알렸다. 감사는 백 번 천 번 강조해도 지나치지 않다. 위대한 신에게 감사하는 것도 좋고, 지금 옆에 있는 사람들에게 감사하는 것도 좋다. 바람, 물, 햇빛 등 자연과 식물에게 감사해도 좋다. 모든 것에 감사하라. 생각나면 즉시 표현해라. 그리고 먼저 말해라. 좋은 것은 먼저 행동하는 사람이 승자이다.

성경에 이런 말씀이 있다.

사람들이 너희에게 해주기를 바라는 것은 무엇이든지 모두 너희도 그들에게 그렇게 해주라. 이것이 율법이요, 선지자니라(마태복음 7:12)

감사를 먼저 표현하면 감사한 일이 돌아온다는 법칙을 담고 있는 구절이다. 남에게든 또 자신에게든 감사하다고 말하자. 먼저. 그것이 성공을 불러온다.

온유와 감사로 부자 되기

'온유'라는 단어의 사전적 의미는 "성격, 태도 따위가 온화하고 부드러움"이다. 온화하고 부드럽다는 것은 고통이나 억울함 심지어 굴욕 속에서도 내면적으로 유연한 심령을 견지하고 겸손히 참아내는 고상한 인격을 뜻한다. 또한 순종하는 자세로 이웃을 대하는 마음가짐을 뜻하기도 한다. 사람에 따라 해석이 조금씩 다를 수 있겠으나, 대부분 이런 뜻으로 쓰인다. 나는 진정한 온유, 더 깊은 온유는 바로 '감사'라고 생각한다. 감사하는 마음이 밑바탕이 되면 온유가 나온다고 생각하기 때문이다.

성경에서는 온유한 자는 땅을 유업으로 받을 것이라고 말했다. 옛날에 땅은 곧 부나 돈을 의미했다. 즉 "온유한 자는 땅을 유업으로 받을 것이요"라는 말씀은 '감사하는 자는 부자가 될 것'이라는 뜻으로 해석할 수 있다.

온유한 말로 부자가 될 수도 있다.
"나는 일하는 게 좋아요."

이 말은 운을 부르는 부자의 말투이다. 돈을 끌어당기는 최고의 말이다. 삶에, 일할 수 있다는 것에 감사하는 온유한 마음에서 나오는 말이다. 일이 있다는 것에 감사하자. 그러면 정말 일이 좋아진다. 일이 사랑스러워진다.

말이 바뀌면 인생이 달라진다. 인간관계에서도 상대가 공격적인 표현을 해도 절대로 되받아치면 안 된다. 그것이 온유한 마음이다. 보통 사람들은 인풋하면 아웃풋한다. 상대방이 공격하면 그대로 되받아친다. 반대의 경우도 마찬가지다. '내'가 공격적이면 상대도 공격적이 된다. '내'가 분노를 표현하면 상대도 분노를 표현한다. 자기도 모르는 사이에 입으로 툭 내뱉고 바로 후회하는 것이 보통 사람들이다.

부자들은 자기 스스로 감정을 조절해서 부드러운 말로 호감 가게 표현한다. 부자여서 행복한 게 아니라 행복해야 부자가 된다는 사고방식을 가지고 있다. 부자가 행복한 이유는 자기 스스로 기분을 조절할 줄 알기 때문이다. 이 방면에서 보통 사람들보다 훨씬 능숙하다. 그들은 항상 즐겁고 감사하는 마음으로 산다. 그렇게 살려고 노력한다.

결국 돈은 사람이 운반한다. 사람들에게 호감을 얻어 인간관계를 잘 맺는 것이 부자가 되는 길이다. 부드러운 말은 좋은 인간관계를 맺는 최고의 방법이다. 다시 말해 부자가 되는 지름길이다.

경영자는 늘 성과를 고민한다. 경영자가 높은 성과를 올릴 수 있는 방법 중 하나는 직원들에게 건네는 인사말이다.

"좋은 아침입니다. 항상 감사합니다."
"그럼 다음에 또 봐요. 항상 감사합니다."

경영자는 이런 말을 습관화해야 한다. 굉장한 위력을 가진 마법의 말이다. 최고의 경영자들은 "항상 감사합니다"라고 말했더니, 정말로 '항상 감사합니다'라고 말할 만한 일이 일어났다고 한다. 모든 일에 감사할 줄 아는 사람이 성공한다는 것을 그들이 증명한 것이다. 모든 일에 감사하는 사람은 감사할 일이 점점 더 많아진다. 그러면 다른 사람들을 도와주고 응원해줄 수 있는 여력도 더 커진다. 성공하고 싶다면 항상 감사하는 삶을 살자.

세상은 사람과의 관계 속에서 살아간다. 그 관계에서 성장과 성과가 결정된다. 관계의 기본적인 바탕도 감사다. 감사로 상대방을 대하면 해결 안 될 일이 없다. 직장에서도 마찬가지이다. 직장의 동료들과는 가족보다 더 많은 시간을 보낸다. 큰 인연이라 생각하고 성심으로 대해야 한다. 동료와 다투기보다는, 경쟁하기보다는 먼저 감사의 표현을 하는 것이 바람직하다. 그러면 일이 더욱더 즐거워질 것이며 성과도 더 좋아질 것이다. 직장에서의 보람도 커질 것이다.

성공학의 대가 나폴레온 힐은 "대부분의 사람들은 자신에게 화나게 하는 사람들에게 반격하는 데 많은 시간과 에너지를 쏟아 붓는다"고 했다. 이런 행동은 시간을 쓸모없이 허비하는 것이다. 파괴 행동일 뿐이다. 이 파괴적인 에너지를 건설적인 에너지로 바꾸려는 노력이 필요하다. 그 노력에 많은 시간을 투자한다면 우리는 스스로 부유해질 수 있을 것이다. 파괴적인 에너지가 가득한 사람은 자신에게 나쁜 짓을 한 사람에게 복수하며 살아간다. 진정한 복수는 상대방에게 나쁜 감정을 가지지 않는 것이다. 좋은 감정을 가지고 살면서 성공과 행복을 끌어오는 것이다.

더 좋은 복수는 나쁜 짓을 한 사람에게 친절한 행동으로 갚는 것이다. 그렇게 해서 그 사람을 감동시키고, 변화시키는 것이다. 물론 이것이 쉬운 일은 아니다. 우리는 알게 모르게 복수하는 데 익숙해져 있기 때문이다. 복수가 습관화되어 있고 학습되어 있기 때문이다. 하지만 명심하자. 다른 사람을 미워하는 것은 소중한 시간을 낭비하는 일이다. 나쁜 감정을 가지고 그 감정을 억누르기만 하면 발전적인 일을 할 수 없다. 상대가 밉다는 생각에 빠지면 그 생각에 빠진 사람만 결국 손해이다. 나는 화내는 사람이 이롭다는 이야기를 들어본 적도 없고, 그런 내용을 소개한 책을 읽은 적도 없다.

긍정적 복수에 힘써야 한다. 친절한 행동도 물론 긍정적 복수이지만 미운 사람을 위해 기도하는 것은 더 좋은 긍정적 복수이다. 이런 기도는 당신이 행복해지고, 부자도 되고, 건강도 얻을 수 있는 복수이다. 기도는 상대의 공격 혹은 보복에 대해 감사로 보답하는 행동이다. 그러므로 정말 귀하고 온유한 보복이다.

> 온유한 자들은 복이 있나니, 그들이 땅을 유업으로 받을 것임이요(마태복음 5:5)

성경은 온유한 자는 부자가 될 것이라고 기록하고 있다. 온유한 자는 마음이 평안하다. 마음이 평안하기에 다른 사람을 보복하는 데 마음을 쓰지 않는다. 에너지를 낭비하지 않는다. 예수는 "나는 마음이 온유하고 겸손하니, 내 멍에를 메고 나에게서 배우라. 그리하면 너희가 너희 혼에 쉼을 얻으리라"라고 말했다. 온유하면 혼이 평안해진다는 것을 가르치는 말이다. 혼 즉 마음이 평안하면 행복하다. 행복의 기본은 마음의 평안이다. 마음이 평안하면 일도 잘되고, 돈도 잘 들어온다. 그래서 온유한 자는 땅을 유업으로 받을 수 있다.

성경 곳곳에서는 온유에 대해 언급하고 있다. 그만큼 온유가 귀하고 가치 있는 것이기 때문이다.

> 너희가 무엇을 원하느냐? 내가 매를 가지고 너희에게 나아가랴?

아니면 사랑과 온유의 영으로 나아가랴? 우리는 항상 사랑과 온유로 사람들을 대하라는 것이며 이러한 삶이 이웃사랑의 실천이라고 할 수 있다(고린도전서 4:21)

모든 겸손과 온유와 오래 참음과 사랑 가운데서 서로 용납하고
(에베소서 4:2)

너는 이것들을 피하라. 그리고 의와 경건과 믿음과 사랑과 인내와 온유를 추구하라 (디모데전서 6:11)

온유는 사랑이다. 온유는 겸손이다. 온유는 마음의 평안이다. 온유는 기쁨이다. 온유는 자유를 얻는 것이다.

온유는 부를 불러온다. 감사의 바탕은 온유이다. 감사는 모든 성공의 바른 길이다.

상위 1%가 알고 있는
감사의 법칙

나는 다양한 경영자들의 성공을 연구해 보았다. 그중에서 이나모리 가즈오의 경영 철학이 눈길을 끌었다. 이나모리 가즈오는 일본이 낳은 대표적인 성공 기업가이다. 그는 마쓰시다 고노스케, 혼다 소이치로와 더불어 일본 3대 경영의 신으로 꼽히고 있다.

이나모리 가즈오는 27세의 나이로 자본금 300만 엔을 들여 교세라를 창업했다. 이후 159개의 자회사를 거느리고 연 4조 매출을 기록하는 회사로 만들었다. 그의 경영철학의 핵심 중 하나는 인간 존중경영이다. 훌륭한 실적을 올리면 물질적 포상은 물론 서로 믿는 동료들끼리 칭찬과 감사를 전하는 정신적인 포상도 주어진다. 교세라는 이렇게 서로 믿음을 가질 수 있고 서로 행복을 위해 기여할 수 있는 문화를 만들었다. 이런 문화에서 직원은 직원의 마인드가 아닌 경영자의 마인드로 일하게 된다.

이나모리 가즈오의 경영철학의 핵심을 달리 표현하면 감사하는 마음이다. 그의 인생의 목적은 선한 마음을 쌓고 영혼을 닦는 것이라고 한다. 시련을 기회로 삼을 수 있는 사람은 인생을 자기 자신의 것으로 만들어 갈 수 있는 사람이라고 한다. '인격＝성격＋철학'이라는 수식어로 표현할 수 있는데, 성격과 그 후 인생의 길을 걷는 과정에서 배우고 익히는 철학이 어우러져 인격이라는 것을 이룬다고 한다.

나는 이나모리 가즈오의 생각에 동의한다. 선천적으로 타고난 성격과 후천적으로 학습된 철학이 결합하여 인격이 형성된다고 생각한다. 그러므로 인생을 보다 잘 가꾸고 행복이라는 결실을 맺기 위해서는 사고방식을 바꾸어야 한다. 그래야만 가능하다. 능력과 열의가 아무리 뛰어나더라도 사고방식이 바르지 않으면 그것만으로도 부정적인 결과가 초래된다. 우리는 행복하기 위해서는 성공적인 사고방식으로 바꾸어야 한다. 감사하는 마음으로, 함께 나누고자 하는 마음으로 서로 협력하는 마음을 가지고 살아야 한다. 인생은 마음이 그리는 대로 그려진다. 좋은 생각을 하면 좋은 일이 펼쳐지고, 감사한 생각을 하면 감사한 일이 펼쳐진다. 인생은 사람이 생각한 결과이다. 그 마음가짐이나 생각이 그대로 삶에 실현된다. 때문에 자신에 대한 고정된 믿음을 바꾸어야 한다. 가능하다는 강렬한 생각과 실현될 수 있다는 강렬한 믿음을 가지고 끊임없이 노력하는 것이 성공에 이르는 최고의 비결이다.

나는 운명은 마음먹기 달려 있다고 믿는다. 사람의 행복과 불행 역시 자신의 마음먹은 바가 불러온다고 믿는다. 그래서 항상 자신을 성찰하고 인격을 수행해야 한다. 그래서 나도 경영자로서 경영 철학을 감사하는 마음으로 정하고 실천하고 있다.

이나모리 가즈오는 인생도 경영도 마음의 반영이라고 한다. 그의 말처럼, 의식은 몸과 마음에 그대로 반영된다. 이나모리 가즈오는 우연히 종교 서적을 읽다가 마음에 관한 이야기를 읽었는데, "모든 것은 마음의 반영이며 행복도 마음의 반영"이라는 글을 보고 깊은 감명을 받았다고 한다. 거기서 그치지 않고 마음먹기에 따라 주위 환경이 달라진다는 교훈을 마음에 새기고 27세에 회사를 설립하기에 이른다. 이후 28년간 기업을 경영하며 상상을 초월하는 결과를 올렸다. 그는 이 힘이 마음의 힘에서 나왔다고 한다.

생각한 대로 이루어 본 사람은 이나모리 가즈오의 말에 쉽게 동의할 수 있을 것이다. 하지만 이런 경험이 없는 사람은 좀처럼 믿기 어려울 수도 있다. 생각한 대로 현실을 이루려면 어떠한 조건이 필요하다. 바로 '마음속에 생각이 강렬하면서 지속적'이어야 한다는 조건이다. 어떤 어려움이 있더라도 되고 싶다는 강렬한 바람이 지속적이어야 한다. 이것이 잘되지 않는 경우는 자기 자신부터 잘 믿지 않기 때문이다. 생각대로 현실을 이루기 위해서는 먼저 자기 자신을 깊이 믿어야 한다. 어떻게 해서든 반드시 이루어야 한다고, 이룰 수 있다고 굳게 믿어야 한다.

나는 경영자들의 성공과 몰락을 지켜보면서 갑작스러운 몰락과 지속되는 번영 사이에는 종이 한 장처럼 큰 차이가 없다는 것을 깨달았다. 자기 이익적인가 타인 이익적인가. 이 두 갈래에서 성공과 몰락이 결정되는 것을 많이 지켜보았다. 실제로도 우리는 이런 현상을 종종 볼 수 있다. 고객의 이익을 우선으로 하는 회사가 잘되는 경우가 많다.

경영자는 자기 자신만이 아니라 회사 직원들의 행복을 목표로 삼아야 한다. 이익을 가난한 사람들과 사회에 나누려는 마음을 가져야 한다. 그런 마음이 회사의 경영에 윤활유가 된다. 회사가 잘 돌아가게 만든다. 긍정적인 결과가 지속되게 만든다. 경영자가 직원들의 행복을 위한다면 그 마음이 직원들에게도 전달된다. 그러면 일하는 공간이 긍정으로 충만해져서 회사의 분위기가 좋아진다. 분위기 좋은 회사에서 나쁜 성과가 나올 리 없다. 당연히 좋은 성과가 많이 만들어진다. 성공한 경영자들은 직원에 대한 사랑의 마음을 지속으로 유지해서 성과를 유지해나간 사람들이며, 그것이 옳다는 것을 증명한 경영자들이다.

우리는 성공한 경영자들처럼 살아야 한다. 그들처럼 생각과 행동에 따라 운명은 바뀔 수 있다고 강력히 믿으면서 삶을 살아가야 한다. 그것이 최선의 삶이다. 결국 또다시 감사다. 감사하는 삶이 최선의 삶이라는 이야기다. 좋은 상황이 생기거나 나쁜 상황이 생기거나, 어떤 상황에 마주치더라도 그 상황에 감사하며 최선을 다

해야 한다.

　더구나 경영자의 삶을 살고 있다면 이런 마인드는 필수다. 나아가 항상 감사를 마음에 각인시켜야 한다. 어떠한 상황에서도 감사하지 않으면 안 된다고 마음에 단단히 새겨야 한다. 사람은 망각의 동물이다. 나 역시도 좋지 않은 상황에 부딪히면 순간 감사가 사라지는 것을 경험한다. 그래서 지속적으로 습관화시키려 노력한다. 습관화는 아무리 강조해도 지나치지 않다. 감사가 습관이 되지 않으면, 고난과 역경을 겪을 때 '왜 나에게 이런 일이 닥쳤을까?' 생각하며 불평하게 된다. 이런 불평이 나오더라도 억지로라도 억누르며 감사한 마음으로 대처할 필요가 있다. 좋은 일이 생길 때 감사하는 것은 누구나 할 수 있는 일이다. 재난이나 힘든 일이 생겼을 때 그 고난에 감사하는 것이 정말 어려운 일이다. 이때 감사할 수 있는 마음이 바로 성공자들의 마인드다. 좋은 일이 있어도 거만하게 뽐내지 말고 감사하자. 겸허한 마음으로 삶과 경영에 임하자. 이것은 경영자로서뿐만 아니라 한 사람으로서 멋진 인생을 살 수 있는 절대 조건이다

　어떠한 일에도 감사하다고 생각하는 것은 사실 지극히 어려운 일이다. 상당한 수행을 한, 부처 같은 의식을 가진 사람이 아니면 정말 쉽지 않은 것이다. 그렇기 때문에 우리는 감사의식을 습관화시켜야 한다. 꼭 물질적 성공만을 위해서가 아니다. 가치 있는 인생의 길은 오로지 부자가 되는 것에만 있지 않다. 마음을 높이는

것에도 있다. 마음을 높이면 세상만사가 잘 보이고, 어떤 삶을 사는 게 좋은지 알 수 있게 된다고 한다. 우리 모두는 이런 인생을 살아야 하지 않겠는가.

마음을 높이는 최고의 마음은 이타심이다. 즉 남을 헤아리고 남에게 베푸는 마음, 이것이 최고의 마음이다. 또한 경영자의 자세이다. 나는 이런 마음과 자세야말로 인간에게 제일 중요하다고 생각한다. 이타심을 가지려면 감사하는 마음이 역시 우선되어야 한다. 감사하는 마음은 약방의 감초처럼 어디에나 필요하다.

약방의 감초와도 같은 이나모리 가즈오의 경영자의 마음가짐을 소개한다.

1. 항상 감사하는 마음을 잊지 않도록 하자.
2. 상냥하고 아름다운 헤아림의 마음을 잊지 말자.
3. 회사를 만들었으니 열심히 노력하고 일하자. 누구에게도 지지 않을 만큼 노력하자.
4. 회사를 경영하며 많은 역경에 직면하더라도 인내하는 마음으로 참고 견디자.
5. 인간으로서 해서는 안 될 악한 일은 결코 하지 말자.

이 다섯 가지 다짐은 선한 생각의 출발점이다. 이나모리 가즈오는 선한 생각을 마음에 품고 그것을 실행하고자 다짐했던 것이다. 일본 3대 경영의 신 가운데 한 명이 우선순위를 감사하는 마음으로 정했다는 것은 시사하는 바가 크다. 감사는 최고의 인간 의식이라는 증거가 아닐 수 없다. 결국 일본의 살아 있는 경영의 신을 탄생시킨 힘은 감사였던 것이다.

미국의 월레스 워틀스는 수많은 성공 철학서를 저술한 자기계발서 분야의 대표적인 인물이다. 그는 수많은 부자들을 비롯해 세계적인 철학가들도 연구하여 성공의 원리를 발견했다. 스스로 그 원리를 실천해 부자가 되었다.

월레스 워틀스는 힘주어 말한다. 부자가 되려면 경쟁하지 말고 창조하라고. 이런 그의 목소리는 현대 모든 자기계발의 근원이 되었다. 《시크릿》의 저자 론다 번은 월레스 워틀스를 가리켜 "현재의 나를 있게 한 사람이며 시크릿의 근원이 되었다"고 했다.

인생의 성공 원리는 의외로 단순하다. "내가 원하는 대로 된다"이다. 누구나 부유해질 권리가 있다. 부자가 되기를 원한다면 부자가 된다. 다만 부자가 되는 원리를 실천해야만 한다. 그것은 감사를 기본으로 갖추는 것이다. 이것은 원리이자 법칙이다. 신은 우리가 부자로 살기를 원한다. 동시에 감사하는 마음을 갖고 살기를 원하기도 한다. 부유도 감사도 결국 신의 뜻이다. 그러기에 마음이 중요한 것이다. 감사하는 마음으로 살아야 한다. 그러면 원하는 것이 이루어진다. 불평 불만의 마음으로 살면 신도 부의 길로 인도하지 않는다.

성공학의 대가 나폴레온 힐이 말했다.

"생각하라. 그러면 부자가 되리라."

나폴레온 힐은 이것이 부자가 되는 법칙이라고 했다. 그는 부의 문을 열어주는 마스터키를 소개했다. 이 마스터키란 사람과의 관계, 삶의 고난과 역경 즉 실패와 좌절, 그리고 시행착오들이었다. 이것은 곧 '생각'과 연결된다. 사람과의 관계도 생각으로 개선이 가능하며, 삶의 고난과 역경도 생각으로 이겨낼 수 있다. 시행착오 역시 생각으로 회복시킬 수 있다. 결국 마스터키는 생각이었던 것이다.

당신은 이 마스터키가 탐이 나지 않는가? 당신도 가질 수 있다. 부정적인 마음을 제거하고 부에 대한 신념을 키우면 가능하다. 이를 위해 명확한 인생의 목표를 글로 적고 마음을 성공 의식으로 가득 채우기를 권한다. 자기 마음에서 나오는 힘은 목표를 성취하는 데 도움을 준다. 자제력을 발휘하여 끊임없이 자기 안에서 올라오는 부정적인 생각을 지속적으로 없애야 한다. 그리고 긍정적인 생각을 유지해야 한다. 긍정적인 생각을 유지하는 것은 늘 감사하는 것이다. 자기 자신과 이웃을 사랑하는 것이다. 이웃 사랑은 주는 것, 베푸는 것으로 실천할 수 있다. 성경에서 예수는 "누구든지 받고 싶으냐? 그러면 먼저 주어라"라고 말했다. 예수 역시 성공의 법칙을 알고 있었던 것이다.

> "누구든지 가진 사람은 더 받게 되어 풍성하게 가지게 될 것이요, 가진 것이 없는 사람은 그 가진 것마저도 빼앗기게 되리라."
> (마 25:15~29).

《시크릿》의 저자 론다 번은 마태복음 25장 29절을 거론하며 '부자는 더 부유해지고 가난한 자는 더 가난해진다는 것'을 처음에는 부당하게 생각했다고 한다. 하지만 훗날 이 말씀의 속뜻을 깨달아 새로운 세계가 열렸다고 한다. 오랫동안 이해할 수 없었던 이 의문에 대한 답은 감사였다. 이 성경 구절에는 '감사'라는 단어가 숨어 있었다고 했다.

> "누구든지 감사한 마음이 있는 사람은 더 풍성하게 될 것이요 감사한 마음이 없는 사람은 그 가진 것마저도 빼앗기게 되리라."

론다 번은 감사하는 마음을 통해 이루어지는 마법의 약속이 이 구절 속에 있다는 것을 알았다.

우리도 알아야 한다. 감사하는 마음이 많으면 더 많이 받을 것이다. 넉넉해질 것이다.

결국 부의 법칙은 감사의 법칙이다. 감사의 법칙은 모든 물질과 모든 생명체들과 연결되어 있다. 넘치는 감사는 긍정적인 결과를 끌어오고 모자란 감사는 부정적인 결과를 끌어온다. 끌어당기는 법칙이다. 감사는 더 많은 감사를 끌어온다. 감사하는 마음이 자석이 되어 그야말로 범사에 감사하는 마음을 불러온다.

감사하는 마음을 실천했던 성공자들은 대부분 감사하는 마음의 힘을 알고 있었다. 자신이 원하는 것을 이룰 수 있는 길은 감사하는 마음에 있다는 것을 알고 실천했다. 우리도 실천해야 한다. 충분히 할 수 있다.

할 수 있다는 것을 믿으며 세 가지 행동을 실천할 것을 강력 주문한다.

1. '나는 감사합니다'라는 말을 의식적으로 한다.

2. '나는 감사합니다'라는 말을 자주 한다.

3. 의식적으로 감사한 마음을 가진다.

나는 이 세 가지를 부지런히 실천해서 삶의 질을 한층 향상시켰다.

모든 것에 감사하는 삶을 살아야 한다.

역경과 시련 속에서도 감사하는 마음을 가져야 한다.

전 세계적으로 1,000만 명의 사람에게 자신의 성공 철학과 성공 원리를 전한 인물이 있다. 미국 역사상 가장 영향력 있는 강사 중의 한 명인 짐 론이다. 짐 론은 저서《내 영혼을 담은 인생의 사계절》에서 70년 삶을 살면서 터득한 경험과 관찰이 응축된 말을 했다.

"뿌린 대로 거둔다는 원인과 결과의 법칙을 말하며 뿌린 대로 거둔다."

이 말은 역경과 고난을 겪어도 미소를 짓고 역경에 대해 감사하라는 것이다.

인간은 역경을 통해 성장한다. 인간의 인격은 시련을 통해 형성된다.

당신의 삶이 힘들고 고통스럽다면 현재 부딪힌 한계 혹은 그 지점에 서 있는 상황이기 때문이다. 나락으로 떨어지지 않은 것에 감사해야 한다. 현재의 역경에 감사하면 벗어날 수 있다. 언젠가 그 역경은 재산이 될 것이다. 그때 당신은 인생의 성공자로 우뚝 서게 될 것이다.

부자들의 공통점

나도 일찍이 경영자로서의 삶을 살았다. 큰 기업은 아니지만 작은 사업체를 운영하면서 다양한 경험을 쌓았다. 제법 성과를 내기도 했지만 실패도 했다. 실패와 성공을 반복한 경영자로 살아왔다.

경영을 하면서 다양한 성공자들을 모델로 삼았다. 그중 한 명은 일본 납세 1위 사이토 히토리이다. 나는 오랫동안 부자에 대해서 관심이 많았다. 수많은 부자들은 과연 어떻게 부자가 되었으며, 그 부를 어떻게 유지할까 생각했다. 부자들을 연구한 책이나 부를 축적한 사람들이 쓴 책들을 다양하게 읽었다. 그 결과 사이토 히토리를 비롯한 부자들의 공통점을 찾아냈다.

일본에서 여러 해 동안 납세액 1위를 기록하고 있는 거부 사이토 히토리는 저서 《부자의 관점》에서 "부자는 세상을 보는 눈이 평범한 사람들과 비교할 때 1% 차이가 있다"고 했다. 그는 그 1%의

차이가 자신에게는 상식이고 진실이라고 했다. 그 상식과 진실이란 바로 마음이다. 사이토 히토리는 내면의 중요성을 이야기한다. 내면에서 생각한 것을 행동으로 옮기라고 한다. 그것은 주변에 감사하다고 표현하는 것이다. 그중에서도 제일 먼저 부모에게 감사 표현할 것을 강조한다. 부모에게 감사하는 것은 기본 중의 기본이다. 다음으로는 주위 사람들을 향한 감사 표현이다. 한 번에 그치는 것이 아니라 자주 할 것을 권한다. 그는 감사를 표현하면 감사할 일이 생긴다는 단순하면서도 간단한 이치를 전파하고 있는 것이다.

내 주변으로 다가온 사람들을 모두 행복하게 만들자.

이것은 사이토 히토리의 경영 철학이다. 다른 사람을 행복하게 만들면 그 열매는 결국 본인에게 돌아오기 마련이다. 경영을 하는 사람이라면 상대방의 이익을 먼저 생각하면 자신에게도 이익이 된다는 뜻으로 받아들일 수 있다. 그렇다면 "내 주변으로 다가온 사람들을" 어떻게 행복하게 만들 것인가. 여러 가지 방법이 있겠지만 단연 감사다. 상대방에게 감사하는 마음을 가지면 그것은 행복을 안겨준다.

나는 나에게 하루 하나씩 긍정 메시지를 들려준다. 이미 행운을 받은 것으로 생각하고 입버릇처럼 "재수 좋다"라고 자주 외친다.

실수로 물건을 떨어뜨리더라도 감사하다고 말한다. 원인과 결과의 법칙을 삶에 응용하는 방식을 습관화시켰다. 좋은 습관이라고 생각한다. 인간의 마음은 자석과 같아서 마음먹은 그대로의 현상을 일으키는 힘이 있다. 나는 그 힘을 믿는다. 그래서 하루에도 "나는 운이 좋다, 나는 운이 좋다"라고 여러 번 반복해서 말한다. 감사의 마음을 먹으면 진심으로 자신은 운이 좋은 사람이라고 믿게 된다. 나아가 그 믿음이 표정이나 행동으로 드러나 운 좋은 일이 실제로 일어난다. 물론 다른 사람에게도 선한 영향력을 미친다.

사이토 히토리는 주위 사람들에게 자신의 경영 목표는 "일본 최고의 납세자가 되는 것"이라고 말하고 다녔다. 주위 사람들은 그런 그를 잘 이해하지 못했다. 세금을 많이 내려고 경영을 하겠다는 경영자의 마음이 선뜻 다가오지는 않았을 테니 말이다. 나 역시 처음에는 사이토 히토리의 마음이 쉽게 공감되지 않았다. 나중에서야 공감이 되었는데, 그것은 인과의 법칙을 깨달은 후였다.

사이토 히토리는 인과의 법칙을 이해하고 그에 따라 경영을 한 인물이었던 것이다. 그는 세금을 낸다는 것은 씨 뿌리는 것과 같다고 했다. 즉 '인과'의 '인'에 해당한다. 세금을 많이 내겠다는 마음은 씨를 많이 뿌리겠다는 마음이다. 씨를 많이 뿌리면 자연스럽게 얻는 열매도 많아진다. 다시 말해 '인과'의 '과'가 풍성해진다. 사이토 히토리는 바로 이런 마인드로 경영에 임했던 것이다.

대부분의 사람들은, 수많은 경영자들은 세금을 아까워한다. 세금을 내기 싫어하며, 내더라도 감사한 마음으로는 내지 못한다. 납세를 이익이라고 생각하지 않기 때문이다. 사실 납세를 이익으로 생각하는 것이 쉬운 일은 아니다. 뿌리는 씨앗이라기보다는 빼앗기는 열매라고 생각하는 것이 인지상정이다. 그런데 어떻게 '감사하면서까지' 낼 수 있겠는가. 사이토 히토리는 이 어려운 것을 해낸, 정말 대단한 인물이다.

나도 사이토 히토리를 본받으려고 한다. 그래서 열매를 수확하면 반드시 씨를 뿌려야 한다는 마음을 경영의 기본으로 삼았다. 씨 뿌리는 것은 세금을 잘 내는 것이다. 세상 많은 기업들이 사이토 히토리를 거울 삼기를 바란다. 돈을 많이 벌어 세금을 많이 내고, 그래서 돈을 더 많이 벌고 또 세금도 더 많이 내는, 그렇게 사회를 풍성하게 하는 선순환이 이루어지기를 바란다.

사이토 히토리만 소개했지만, 세금을 잘 내는 부자가 그 하나만은 아니었다. 진심으로 감사하며 세금을 내는 부자들이 또 있었다. 세금에 대한 생각이 그들은 달랐다. 그들에게는 세금을 씨앗으로 생각한다는 공통점이 있었다. 그것만으로도 그들은 부자가 될 수밖에 없는 사람들이었다.

부자들은 하루를 시작할 때 오늘 하루를 함께 보낼 좋은 단어를 고른다. 그리고 말한다. 인간의 마음을 컵에 비유한다면, 좋은 단어를 생각하고 자주 말하면 그 컵 안에 좋은 기운이 차오른다. 그 기운은 기분 좋은 커피향처럼 향긋한 하루를 만들어줄 것이다.

저마다 좋아하는 단어가 있겠지만, "고마워요"나 "감사합니다"라는 말을 반드시 고르기를 바란다. 이 말의 좋은 기운은 지금껏 누누이 설명했다. 특히 시련과 역경 속에서도 이 말이 자연스럽게 나올 수 있도록 습관화해야 한다. 세상 많은 부자들이 이를 통해 성공의 시상대에 오를 수 있었다. 종교를 가진 나는 시련과 역경은 하늘이 내리는 것이라 생각한다. 그런데 하늘은 인간이 감당할 수 없는 시련과 역경은 주지 않는다는 것을 믿는다. 이를 믿으면 어떤 고난 속에서도 감사하다고 말할 수 있는 것이 가능하다.

"해결하지 못할 어려움은 없다!"
"하늘이 내려주신 모든 것에 감사하다!"

이런 말이 입에 밸 만큼 도량을 키워보자. 큰 상인은 불황에도 감사를 생각할 만큼 도량이 크다. 우리라고 그렇게 못할 것은 또 무엇인가.

부자가 운이 들어오는 입구를 넓히는 법과 우리가 원하는 만큼 운을 끌어당기는 방법은 사실 같다. 감사의 표현이다.

지금 직장생활을 하고 있다면 직장 상사에게 잔소리를 들었을 때도 감사의 마음을 먹어보자. 그리고 "좋은 조언을 해주셔서 감사합니다"라고 말해보자. 처음에는 상사가 어리둥절해할 수도 있을 것이다. 자기를 놀리는 줄 알고 더 언짢아 할 수도 있을 것이다. 하지만 감사 표현을 지속하게 되면 반드시 상사도 변화할 것이다. 아랫사람에게 친절과 인정을 베풀 것이다. 모범적인 직원으로 인정할 것이다. 하다못해 밥이라도 한 끼 살 것이다.

비록 상사가 돌부처처럼 꿈쩍도 안 할지라도 실망할 것은 없다. 상사에게 감사를 표현한 일은 결국 자신에게 긍정적으로 돌아오기 때문이다. 어쨌든 한번 해보자. 상사와 직장에 대한 불만이 누그러질 것이다. 불만에 썼던 에너지가 업무 에너지로 발휘될 것이다. 일에 대한 책임감이 한층 강해질 것이다. 직장에서 어떤 문제가 발생했을 때 남에게서가 아니라 자신에게서 원인을 찾고 개선점을 찾으려는 태도가 나타날 것이다. 이러한 변화는 부자가 될 조짐이다. 부자들이 이를 실천했기 때문이다.

자기계발의 대가 앤서니 라빈스는 부자들을 인터뷰하는 과정에서 단순한 사실 하나를 알아냈다.

부자들이 더 풍요롭고 더 즐거운 삶을 누릴 수 있는 비결은 바로 주는 것.

다른 사람들과 나누는 삶은 삶의 질을 높이는 삶이다. 감사할 줄 알면 나눔의 마음도 더 커진다. 행복한 부자들은 감사할 줄 아는 사람들이었다.

삼십대에 억만장자가 된 존 템플턴 경은 남아메리카 역사상 최악의 경제공포가 왔을 때도 많은 돈을 벌어들인 인물이었다. 앤서니 라빈스는 그와의 인터뷰에서 이런 질문을 던졌다.

"부에 이르는 비밀은 무엇입니까?"

그 질문에 대한 존 템플턴 경의 대답은 정말 단순했다.

"비밀은 바로 감사하는 마음이에요."

그는 이렇게 덧붙였다.

"내 안에 감사하는 마음이 있을 때 두려움이 끼어들지 못합니다. 감사하는 마음에는 분노도 끼어들지 못하죠."

그러므로 나는 감히 단언한다.

"세상 최고의 부자는 감사할 줄 아는 사람이다."

당신에게 부자의 마음이 있는지 생각해 보기 바란다. 부자가 되고 싶으면 부자의 마음을 가지는 것이 당연한 일이다. 그리고 스스로에게 질문해보기 바란다.

'오늘은 무엇에 감사할 수 있을까?'

'어떤 사람에게 감사할 수 있을까?'

'나와 갈등을 겪고, 날 고통스럽게 했던 사람에게도 감사할 수 있을까?'

지혜의 왕으로 불리는 솔로몬은 엄청난 족적을 남긴 왕이다. 그런데 그는 어마어마한 부자이기도 했다. 솔로몬은 아주 단순하고 심오한 성공의 비결을 오늘 우리에게 알려주고 있다. 그 비결들 중 하나는 남의 호의에 감사하는 마음이다. 이 마음은 아버지 다윗왕에게서 물려받은 것이기도 하다. 이스라엘의 위대한 왕 다윗은 신에 대한 감사를 표현하는 노래를 많이 지었는데, 그 감사의 마음이 아들 솔로몬에게 이어진 것이다. 솔로몬에게 아버지 다윗은 감사의 마음가짐을 가르쳐준 정신적 스승이었다. 이들 부자(父子)뿐만이 아니다. 인생의 승리자들은 남들의 호의에 감사할 줄 알았다. 그것은 그들의 공통점이었다.

솔로몬에게는 6가지 성공 전략이 있었다. 오늘 우리는 이를 본받아 실천해야 한다.

첫째, 사람은 누구나 인정받고 싶어 한다는 마음을 헤아린다.

사람은 다른 사람을, 그가 부유하든 가난하든 인정하고 존중해야 한다. 당신이 '내게' 소중한 사람이라는 것을 말로 표현해야 한다.

둘째, 짧게라도 감사와 고마움을 표현한다.

감사와 고마움을 표시하는 데 긴 문장은 필요 없다. 간결한 문장 하나면 된다. 간단한 한마디, 짧은 전화 한 통이어도 충분하다. 그 짧은 감사에 위대한 감사의 강물이 흐른다.

셋째, 많은 돈을 들일 필요는 없다.

값비싼 선물보다 진심 어린 말 한마디가 상대방을 더 기쁘게 한다.

넷째, 남들이 베풀어준 것을 가볍게 여기지 않는다.

아무리 사소한 일도 아주 큰 일로 발전할 수 있다. 따라서 사소한 베풂에도 받은 것에 감사해야 한다.

다섯째, 고마움이 담긴 말을 하는 법을 배운다.

"고맙습니다", "감사합니다"라는 말이 습관화되어야 한다.

여섯째, 고마움을 표현하면 상대방의 기억에 남는다는 것을 기억한다.

고마움을 표현하면 당신은 돋보이게 된다. 그러므로 고마움을 표현하지 않을 이유가 없다.

부를 축척하고 싶다면 이 6가지 항목을 오늘부터 당장 시작하라. 나중으로 미루지 말라. 먼저 가까운 가족에게부터 시작하라. 지금 당장 감사의 수레바퀴를 돌려보라. 솔로몬은 다른 사람에게 고마움을 표현하는 것을 잊지 않았다. 그것이 솔로몬이 넉넉한 삶을 살아갈 수 있었던 최고의 비결이었다. 이 비결은 최고의 비결일 것이다.

《백만장자가 된 사람들의 52가지 공통점》의 저자 앤 마리 사바

스에 따르면, 백만장자들에게는 결정적인 자기관리법이 있다는 공통점이 있다고 한다. 그것은 바로 감사하는 마음이다. 백만장자들은 감사하는 마음을 갖고 행복감을 표현하는 데 인색하지 않다고 한다. 그것이 백만장자들의 인생 최고의 기술이라고 한다.

감사하자. 감사를 표현하자. 당신이 백만장자의 인생 기술을 배워 나쁠 것은 없을 것이다. 감사하는 삶을 살기 위해 우선은 현재 가진 것에, 현재 처지에 집중하자. 누구나 그렇게 시작한다. 성공의 반열에 오른 사람들도 예외가 아니다.

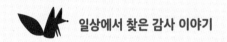

나의 남동생이 가족에게 감사

나는 지금 감사하는 마음이 충만한 생활을 하고 있다.
현재 나에게 사랑하는 가족이 있기 때문이다. 나의 감사
의 가장 기초는 가족에 대한 감사이다. 나의 남동생이
가족에게 감사한 글을 소개한다.

가정을 꾸리기 전, 어린 나이에 전주에서 사업을 시작했다. 남다
르게 사업적인 감각이 뛰어나다는 소리를 들을 정도로 사업을 잘
해나갔다. 하지만 방심은 금물이라고, 나에게도 어려움이 찾아왔
다. 결국 나는 많은 것을 잃고 서울로 올라왔다. 서울 누나 집에서
머물게 되었다. 그 당시 누나는 결혼을 하지 않은 상태였는데, 어
머니와 나 그리고 누나가 한집에 살았다.

누나와 어머니는 절망감에 빠진 나를 많이 위로하고 도와주었
다. 덕분에 나는 조금씩 힘을 얻기 시작했다. 직업도 얻으며 서서
히 자리를 잡아갔다. 그러면서 결혼에 대한 꿈도 생기기 시작했다.

지인으로부터 소개도 받고, 결혼 정보회사에서 추천도 받아보았다. 하지만 어쩐 일인지 마음이 가는 사람이 나타나지 않았다. 그러던 중 어머니와 누나가 결혼을 기도 제목으로 정하고 새벽기도에 작정하고 다녀보라며 권유했다. 나는 처음에는 망설였지만 권유를 받아들였다. 작은 믿음이었지만 행동하고 싶었다.

교회에는 차를 타고 다녔다. 새벽에 같은 교회 여자분과 합승해서 함께 가게 되었다. 함께 가는 일이 잦아지면서 자연스럽게 가까워졌다.

그 여자분은 주위의 평판도 좋고 목사님이 강력하게 신임하는 분이었다. 결국 내 마음이 움직였다. 그 여자분에게 호감이 갔고, 다행히 그 여자분의 마음을 얻어 결혼을 약속하게 되었다.

하지만 고민이 많았다. 금전으로 여유가 없었던 시절이라 선뜻 결혼 날짜를 잡기가 망설여졌다. 그러자 누나와 어머니 그리고 형이 도움을 주었다. 가족의 도움으로 나는 무사히 결혼식을 치를 수 있었다.

지금 나는 두 딸의 아빠로 살고 있다. 정말 행복하다. 그리고 감사하다. 사랑하는 아내를 맞이하게 해준 하나님께, 사랑하는 두 딸을 선물로 주신 하나님께 감사드린다. 언제나 나를 응원해주고 지지해준 어머니, 누나, 형에게도 감사드린다.

두 딸이 어느덧 학교 갈 나이가 되었다. 그것도 감사드린다. 사위를 사랑해주시고 손주들을 아껴주시는 장모님께도 감사드린다.

지금의 내가 있기까지 정말 많은 도움의 손길이 있었다. 그 도움을 받은 나는 도무지 감사하고 살지 않을 수가 없다.

다시 한 번 감사를 표현하고 싶다.

"감사합니다!"

Chapter 2

의식 혁명,
감사 혁명

모든 일에 감사하라

최고의 공부는 감사 공부

감사를 많이 하는 사람이 감사를 적게 하는 사람보다 훨씬 행복하다고 말들 한다. 감사 지수가 높으면 육체와 마음이 건강해진다. 당신이 행복을 간절히 원한다면 감사함이 충만해야 한다. 삶에 감사함이 없으면 그 사람의 인생은 어두워진다. 불행한 삶이 될 가능성이 높다.

최고의 공부는 감사를 배우는 것이 아닐까 싶다. 대부분 사람들에게 공부의 목적은 성공적인 인생일 것이다. 감사는 성공적인 인생의 핵심 키워드이다. 그러므로 성공을 원하면 감사하는 공부부터 시작해야 한다.

자신이 행복하지 않다고 생각하는 사람들은 감사 지수가 낮다. 이들은 영혼과 육체가 병들어 있는 경우가 많다. 자신을 탓하기보다는 남 탓, 세상 탓을 하며 살아간다. 그런데 어쩐지 이런 사람들이 점점 늘어나는 느낌이다. 범죄, 패륜, 부정부패 등의 소식을 날마다 접해서인지 세상은 갈수록 악해지는 듯하고 그러면서 감사를 모르는 세상으로 빠르게 변해가고 있는 것 같다. 이것이 나만의 느낌일지 모르겠지만, 어쨌든 감사 지수가 낮은 사람이 존재한다는 사실은 서글픈 일이다.

나는 감사 지수가 높으면 영혼과 육체가 건강하다는 것을 수많은 책들을 보면서 확인했다. 한편 성경에는 "모든 일에 감사하라"는 구절이 있다. 데살로니가전서 5장 18절 말씀인데, 이것은 어떤 형편에 처하든지 감사하라는 뜻이다. 모든 사건 즉 어떤 일이 일어나도 감사하라는 가르침이다. 심오한 메시지임이 분명한데, 정말 지키기 힘든 신의 명령이다. 모든 일에 감사하는 것이 어디 쉬운 일인가.

성경은 여러 곳에서 감사를 강조하고 있다. 그만큼 감사가 중요한 것이기 때문이다. 성경에서 말하는 감사의 세 가지 실천 사항을 소개하고자 한다.

첫째, 좋은 일에 감사해야 한다.

세상을 살다 보면 좋은 일이 많이 생긴다. 입학, 취업, 결혼, 출산, 부모님의 사랑……. 그 외에도 소소한 행복을 주는 일들이 많다. 그런데 우리는 좋은 일에 감사하고 있는가? 그냥 당연히 여기거나 보상 정도로만 생각하지는 않는가? 스스로에게 물어보자. 좋은 일이 생겼을 때 감사를 표한 적이 얼마나 되는지. 특히 신에게 감사의 마음을 올리지 않고 넘겨버리는 경우는 더더욱 많을 것이다. 신앙이 있는 사람들도 예외가 아니다.

둘째, 나쁜 일에도 감사할 줄 알아야 한다.

모든 일에 감사하라는 성경 말씀은 그 당시에 사도 바울이 데살로니가 교회에게 전한 말이다. 그때 데살로니가 교회는 예수를 믿어 핍박받고 있는 중이었다. 예수 믿는다고 복을 받는, 좋은 상황이 아니었다. 믿음을 지키기 위해 다른 것을 다 포기해야 하는 상황이었다. 가장 힘든 상황이었던 것이다. 그럼에도 불구하고 하나님은 데살로니가 교인들에게 모든 일에 감사하라고 말씀하셨다. 핍박받는 일에도, 매 맞는 일에도, 가족이 끌려가서 죽는 것에도, 이리저리 끌려 다니는 것에도, 굶는 것에도 감사하라고 하셨다. 보통 힘든 일이 아니다. 그 누가 이런 상황에서 감사를 느끼겠는가. 그런데 데살로니가 교회의 많은 교인들이 이 최악의 상황에서도 감사를 표했다. 그리고 교회는 모범적인 교회로 성장해갔다.

지금의 우리 삶을 되돌아보자. 데살로니가 교인들보다 더 힘들 것이 있을까? 우리는 조금만 힘들어도 불평하는 것이 습관이 되어 있지는 않은가?

셋째, 당연시 하는 것에 감사하라.

우리가 누리고 있는 모든 것은 하늘로부터 받은 것이다. 먹고 마시는 일용할 양식, 공기, 햇빛, 바람, 산과 바다······. 우리는 이런 것들을 너무나 당연하게 여기는 경향이 있다. 그래서 하늘의 선물에 무감각한 채 살게 된다. 사실 알고 보면 머리부터 발끝까지 감사해야 할 일이다. 당연히 있는 것이라 생각하는 것들은 당연히 주어진 것이 아니다. 그래서 성경에서는 모든 일에 감사하라고 명령한다.

하나님의 명령 뒤에는 하나님의 은혜가 있다고 한다. 신의 영광을 바라보고 산다면 우리가 삶에서 이런 일을 겪든 저런 일을 겪든 감사가 우러나올 것이다. 데살로니가 교인들이 바로 그런 삶을 산 사람들이다. 감사하라는 신의 명령 뒤에는 하나님 왕국에 들어갈 수 있는, 즉 구원의 은혜가 있었다. 그래서 그들은 모든 일에 감사할 수 있었다.

달라이 라마와 투투 대주교. 두 거인은 노벨 평화상 수상자이자 이 시대의 정신적 스승이다. 그들이 더욱 위대한 건 종교를 초월한 만남을 이루었기 때문이다. 깨달음의 지도자들은 정신과 마음을 물질적인 가치에 두지 않는다. 그들은 물질에 가치를 두는 것은 자기중심적인 태도이며 문제의 원천이라고 했다. 자신에게만 집중하면 불행해질 수밖에 없다.

모든 사람은 행복해지고 싶어 한다. 하지만 문제는 많은 사람들이 행복해지는 방법을 모른다는 것이다. 행복해지는 최고의 방법은 감사다. '감사'는 세상 모든 단어 중에서 으뜸이 되어야 한다. 이것은 나만의 생각이 아니라 시대의 두 정신적 스승의 생각이기도 하다. 두 스승의 감사에 대한 깨달음을 정리하면 다음과 같다.

감사는 삶의 그물 안에서 우리를 둘러싸고 있는 모든 것을 인정하는 마음이다.

신에 대한 감사는 자연스러운 것이며 삶을 음미할 수 있는 유일한 방법이다. 그래서 모든 종교는 감사를 중요하게 생각한다. 감사는 우리에게 주어지고 우리가 가진 모든 것을 바라보는 관점을 변화시킨다.

우리를 행복하게 만드는 것이 감사이다.

감사는 현실에 만족하고 현실을 포용하는 것을 의미한다. 감사는 우리에게 풍요와 유익을 준다. 감사할 때 우리는 두렵지 않다. 감사의 세계는 기쁜 사람들의 세계이다. 감사하는 사람들은 기쁜 사람들이다.

감사하는 세계는 행복한 세계이다.

감사는 우리를 모두 연결해준다. 감사는 천국과 연결해준다. 우리는 모든 것에 감사할 수 있다. 모든 일에 감사하는 사람은 공감 능력이 있다. 다른 사람의 입장에서 바라보는 능력도 있다. 매사에 감사하는 사람은 스트레스와 우울 수치가 낮고, 긍정적인 감정을 갖고 있으며, 삶에 대한 만족을 보인다. 감사는 기쁨에서 대단히 중요한 부분이다. 감사는 대부분의 행운이 들어오는 길이다.

마쓰다 미쓰히로의 저서 《청소력》에서는 성공에 접속하기 위해 감사와 플러그해야 한다고 했다. 바로 우주의 번영의 에너지와 연결하는 것이 감사라고 했다. 감사로부터 시작해야 성공으로 간다는 것이다. 또한 마쓰다 미쓰히로는 꿈을 이루기 위해서는 마이너스를 제거하는 감사자장을 만들어야 한다는 말도 덧붙였다.

마쓰다 미쓰히로의 말에 동의하는 나는 감사자장을 만들기 위해 나름의 노력을 하고 있다.

한 예로, 청소를 할 때에도 "고맙습니다", "감사합니다"를 외치고 있다. 실제로 청소를 하면서 나처럼 해보기를 바란다. 일단 청소가 즐거워질 것이다. 이어서 마음에 평안이 찾아올 것이다. 하루가 행복감으로 충만해질 것이다. 채우는 마음부터 기분이 좋아지고 웃음도 나왔다. 당신도 이 감사청소를 실천해보기 바란다. 기분이 좋아질 것이다. 하루가 행복감으로 충만해질 것이다.

감사, 최고의 정신세계

세계적인 영적 스승 데이비드 호킨스 박사는 저서《현대인의 의식지도》에서 "인간의 의식은 여전히 진화 중이다"라고 했다. 수많은 영적 진실이 설명의 부족으로 인해 오랜 세월 동안 오해받아 온 것들을 관찰한 호킨스 박사는 인간의 의식수준을 1에서 1,000 까지의 척도로 수치화한 의식지도를 제시했다.

의식수준과 행복 정도의 상관관계

수준	수치	비율
깨달음	700-1000	100
평화	600	100
기쁨	570	99
감사	540	96

사랑	500	89
이성	400	79
수용	350	71
자발성	310	68
중용	250	60
용기	200	60
오만	175	2
분노	150	12
욕망	125	10
공포	100	10
비탄	75	9
무관심, 증오	50	5
죄책감	30	4
수치심	20	1

(《의식혁명》참조, 《현대인의 의식지도》책에서 발췌한 것이다.)

위의 표를 보면 행복수준도 현행 의식수준과 직접 관련이 있다는 것을 알 수 있다. 또한 높은 수치의 항목은 삶을 지탱하는 긍정적인 것들을 끌어당긴다는 것도 알 수 있다.

물질세계에서 최고의 의식수준은 감사이다. 이 수준을 높이면 기쁨과 평안의 마음을 가질 수 있다. 감사는 무조건적인 사랑의 완성이다. 감사는 무조건적인 감정을 주는 내면의 기쁨 단계이다. 힘과 위력, 인간의 행동의 숨은 결정자 의식혁명에서감사의 단계가

540으로 측정된다. 540은 치유의 수준으로, 영성에 기초한 내면의 마음이다. 한편 사랑의 지수는 500이다. 높은 수치이지만 감사보다는 낮다. 감사는 인간이 실질적으로 표현하고 행동할 수 있는 최고의 의식수준이라고 할 수 있다.

이 책에 의하면 의식수준이 700 이상이 된다고 추정되는 이는 전 인류 수천 억 명을 통틀어 12명 정도라고 한다. 또한 세계 인구 중에서 의식이 500 수준에 도달하는 사람은 0.4%인 75만 명밖에 안 된다고 한다. 엄청난 인내심과 힘든 역경 속에도 긍정적인 태도를 견지할 수 있는 능력이 있는 사람만이 도달할 수 있는 의식수준이기 때문이다.

하지만 우리라고 못할 것은 없다. 지금부터라도 감사를 습관화하는 삶을 살면 가능하다. 의식수준이 높은 사람들이 많아지면 우리 세상은 더 밝아질 것이다. 좋은 세상을 위해 이바지한다는 마음으로 '감사'에 도전해보자.

데이비드 호킨스 박사는 또 다른 저서 《치유와 회복》에서 치유는 마음의 믿음 체계와 태도에서 비롯된다고 했다. 마음속에 부정적인 것들이 많을수록 부정적인 에너지가 몸의 건강에 미치는 영향은 커지고, 반대로 긍정적인 것들이 많을수록 생명 에너지 장은 더욱 긍정적이고 강력하게 변한다는 것이다.

건강도 부정적인 것들을 포함한 장애물들을 제거했을 때 생겨나는, 거침없는 생기의 발현이다. 어렸을 때 질병에 대한 집안의 내력이라고 의식에 프로그램되어 있으면, 그 의식은 마음속에 뿌리내려 질병으로 표출되기도 한다. 모든 생각은 형태를 지니고 있다. 마음이 믿는 대로 몸이 행하는 것이다. 건강을 얻으려면 마음도 집중적으로 치료해야 된다. 건강을 불러오는 것은 긍정적인 마음가짐이다. 몸과 마음은 연결되어 있다. 그러니 마음은 사랑과 감사로 충만해야한다. 그러면 몸도 사랑과 감사의 긍정적인 몸으로 바뀐다.

건강은 고차원적인 에너지 장이 자연스럽게 표출된 것이다. 540이상의 에너지 장은 감사와 용서, 치유의 장이다. 기꺼이 용서하고 감사하는 마음이 있으면 치유의 과정이 저절로 시작된다. 행복의 원천은 자기 자신이다 '내'가 건강의 원천이다. 몸은 마음의 표현이므로 병은 '내 마음' 안에 있다. 나음을 믿으면 약물 치료 효과도 높아진다. 반대로 나음을 믿지 않으면 좋은 약도 그 효과가 떨어진다. 부정적인 마음의 상태를 키우면 병에 걸리기 쉽고 긍정적인 마음의 상태를 키우면 건강과 행복을 얻는다.

물질세계를 유지하며 최고의 정신세계로 가는 길, 그 꼭대기는 감사이다. 감사는 모든 긍정적 단어의 우선이다. 감사하면 용서가되고, 감사하면 행복할 수 있다. 감사하면 사랑이 나온다. 감사하면 평안이 찾아온다. 감사하면 어느새 기쁨이 '내' 안에 들어온다.

감사해보라. 분노는 순간 사라진다. 절망, 복수, 부인, 두려움, 외로움, 근심, 미움 등 이러한 부정적 생각이 감사하는 마음이 들어오면 순간 사라진다. 빛이 들어오면 어둠은 순간 사라지듯이 감사가 마음에 들어오면 순간 나쁜 마음이 사라진다.

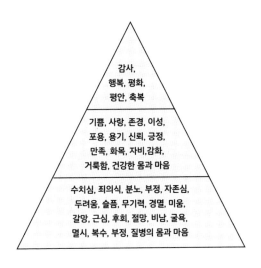

인간은 한 번에 두 가지를 생각하지 못한다. 한 번에 한 가지 생각밖에 할 수 없다. 실험을 해보라. 당신이 물잔을 탁자 위에 소리 나지 않게 집중해서 놓아보라. 바닥에 소리 나지 않게 물잔을 놓을 때 당신은 무슨 생각을 했는가? 오로지 그 물잔을 소리 나지 않게 탁자에 놓아야 하다는 것만 생각하지 않았는가? 그때 근심 걱정을 했는가? 당연히 물잔에만 집중했을 것이다. 결론은 집중이다. 감사에 집중하면 된다. 앞으로 매순간 감사 한 가지만 생각하라. 그러면 당신의 몸과 마음을 긍정 에너지로 채울 수 있다. 일을 하다가도 과거의 좋지 않은 기억이 떠오를 때 그 생각에 꼬리에 꼬리를 물고 가지 말라. 빨리 빠져나와서 감사와 긍정의 생각으로 바꾸어라. 그러면 당신의 삶은 행복한 삶으로 바뀌게 된다.

행복하게 살기로 생각했다면 먼저 지금까지 이룬 것들에 감사하라고 한다. 화가 운을 막으니, 화를 감사로 돌리자. 숙명과 운명은 자신의 힘으로 끌고 다닐 수 있다. 우리는 인생을 바꿀 선택지가 매일 주어지는 삶을 살고 있다. 그러므로 매일 감사하면서 살아야 하고, 사람들과 좋은 관계를 맺고 살아야 한다. 특히 인간관계가 중요하다. 인생을 바꿔주는 것은 언제나 사람이다. 성경을 보면 사람과 사람의 관계 이야기가 대부분이다. 좋은 인간관계를 끌어당기는 길은 감사다. 먼저 감사함을 갖고 감사를 표현하자.

요시카와 나미의 운이 좋아지는 법칙을 보면 감사는 즉시 하라고 한다. 감사 인사는 바로 하는 것이 운을 더욱더 좋게 만드는 요령이라고 알려준다. 감사 인사는 바로, 자주, 당일에 표현하라고 당부한다. 그렇게 하면 상대방은 당신에게 한결 호의적으로 변할 것이라고 한다. 혹시 주위에 감사하다는 표현을 못한 적이 있다면 지금이라도 늦지 않았다.

한번 해보자. 감사하다고. 나는 순간순간 마음속으로 또 입 밖으로 감사 표현을 한다. 그러고 나면 나도 모르게 평안이 찾아온다.

그리고 감사함의 표현은 바로, 빨리, 즉시 한다. 즉시 하면 즉시 반응이 온다. 감사를 망설이지 말자. 망설이다가 '감사 버스'는 떠난다. 버스를 놓치면 후회만 남는다.

감사할 줄 아는 사람에게 행운이 찾아온다. 작은 것에도 감사할 줄 아는 사람은 자연스럽게 주변 사람에게 호감을 얻게 된다. 작은 친절에 감사할 줄 안다면 상대방도 더욱 친절하게 대하려는 마음이 생긴다. 감사해서 나쁠 일이 전혀 없다. 그러니 "고맙습니다", "감사합니다"라는 말의 횟수를 늘려나가기를 바란다.

조용한 시간에 감사 기도를 드리는 것도 좋다. 꼭 종교인이 아니어도 괜찮다. 마음속으로 묵상을 하면 된다. 감사 기도를 드리면 운이 저절로 열리는 것을 체험할 수 있을 것이다. 마음을 움직이면 운명도 움직일 수 있다. 인간의 마음 즉 무의식 속에 행복을 넣으면 행복해지고, 감사를 넣으면 감사할 일이 생긴다. 삶을 즐기는 방법이 두 가지가 있다면, 하나는 자기가 원하는 것을 얻어가는 것이고, 하나는 지금을 즐기고 감사하는 것이다. 행동하지 않으면 아무것도 일어나지 않는다. 감사하지 않으면 아무것도 이루어지지 않는다. 그러니 바로 실행해보라.

사실 감사하는 마음은 어느 날 갑자기 만들어지기 어렵다. 삶 속에서 배우고 훈련받고 실수하고, 또 배우고 훈련받아 실수를 극복하는 과정을 반복하면서 감사가 자리 잡는다. 감사하기를 실천하는 사람들은 거의 대부분 이런 과정을 겪었다. 누구나 알 듯이 삶에는 즐겁고 행복한 일만 있는 것이 아니다. 시련과 역경이 늘 함께 있다. 어려움이 닥쳐올 때 감사의 힘으로 이를 물리칠 수 있다. 따라서 감사를 단련해야 한다.

감사 단련은 매우 간단하다. 행복한 일이나 즐거운 일이 생길 때 바로 감사하다고 표현하는 것이다. 그러면 불행한 일이나 우울한 일이 생겼을 때도 감사의 힘으로 버틸 수 있게 된다. 이것이 반복되면 어느새 나쁜 상황에서도 감사가 튀어나온다.

감사를 표현할 때는 이익을 계산해서는 안 된다. 대가를 바라는 마음을 갖는다면 감사의 힘이 떨어진다. 그런 감사는 인간관계에도 부정적인 영향을 미친다. 욕심 없는 순수한 감사가 필요하다. 그런 감사는 삶에 즐거움을 안겨준다. 좋은 인간관계를 만들어준다.

또한 순수한 감사가 가득 하면 남을 도우려는 마음까지 우러난다. 남을 돕는 것을 즐기게 된다. 사실이다. 순수한 감사가 몸에 배면 직접 체험할 수 있을 것이다. 이런 체험들이 많아지면, 이런 체험을 하는 사람들이 많아지면 우리 세상은 더욱 풍요로워질 것이다.

조셉 머피의 저서인 《머피의 100가지 성공법칙》에서 그는 단순하면서도 명쾌한 진리를 이야기한다. 좋은 일을 생각하면 좋은 일이 일어나고 나쁜 일을 생각하면 나쁜 일이 일어난다는 이론이다.

나는 이 단순명료한 이론이 우리가 꼭 손에 넣어야 할 행복 보물지 도라고 생각한다. 우리의 행복과 불행은 우리의 선택에 달려 있다. 마음속에 긍정과 희망을 심고 살아야 한다. 우리의 삶은 현재의식 과 잠재의식이라는 마음을 가지고 산다. 잠재의식 속에 자신이 목 표한 것을 반드시 이루고 말겠다는 각오를 지속시키면 모두 실현 된다.

당신의 잠재의식 속에서 이렇게 소리쳐라.

"나는 부자다."
"나는 건강하다."
"나는 운이 좋다."

소리를 쳤다면, 이미 받은 것처럼 감사하라. 당신의 마음은 행복 보물창고로 변해갈 것이다.

아마도 이런 의문에 젖은 사람이 적지 않을 것이다.

'성실하게 사는데 왜 부자가 되지 못할까?'

'열심히 일하는데, 왜 윤택하게 살지 못할까?'

바로 잠재의식을 활용하지 못하기 때문이다. 간절히 원하는 삶 을 잠재의식 속에 넣지 못하기 때문이다. 잠재의식에 제일 먼저, 강력하게 '감사'라는 단어를 각인시키자. 감사를 깊이 새기면 마음 도 행복해지고 몸도 건강해진다. 마음과 몸은 연결되어 있다.

구하라 그러면 얻을 것이다

이 유명한 문구를 모르는 사람은 없을 것이다. 이 문구는 다음과 같은 성경 말씀에서 비롯되었다.

구하라 그리하면 너희에게 주실 것이요 찾으라 그리하면 찾아낼 것이요 문을 두드리라 그리하면 너희에게 열릴 것이니(마태복음 7:7).

해당 문구와 성경 말씀은 잠재의식과 관련이 있다. 잠재의식 속에 진정으로 감사하는 마음을 심자. 그것이 곧 기도이다. 기도하면 이루어진다. 성경에서 사도 바울도 "감사함으로 우리의 요구를 나타내라"고 했다. 또한 혜택을 받은 뒤 감사하는 게 아니라 혜택이 이루어지기 전에 감사하는 게 중요하다고 강조했다. 바울의 말씀대로 해보자. 그런 감사를 실천해보자. 얻을 것이다. 삶이 달라질 것이다. 마음에 감사 생각이 자리하면 감사 행동이 나오고, 감사 행동이 나오면 감사 습관이 생긴다. 감사 습관이 지속되면 감사 운명으로 바뀐다.

감사 생각을 하고 감사를 느끼기 시작하면 자연스럽게 마음에는 평화, 몸에는 건강이 생겨난다. 이것은 수많은 심리학자나 정신학 분야 권위자들이 인정하고 있는 팩트이다. 이것이 바로 '암시'의 힘이다. 암시의 힘은 실로 놀랍고 강력하다.

잠재의식은 암시의 영향을 쉽게 받는다고 한다. 암시라는 것은 생각을 마음속에 넣는 행위라고 한다. 감사를 마음속에 넣자. 감사의 암시가 새겨지면 마음속에 두려움과 절망은 사라지고 용기와 희망이 생긴다. 사랑과 믿음이 싹튼다. 어떤 암시를 넣느냐에 따라 우리의 삶은 달라진다. 부정적인 암시는 부정적인 현실을, 긍정적인 암시는 긍정적인 현실을 초래한다.

암시에는 자기 암시와 타인암시가 있다. 자기 암시는 자기 스스로에게 하는 암시이고, 타인암시는 '내'가 타인에게 하는 암시이다. 자신에게는 물론이고 타인에게도 부정적인 암시 대신 긍정적인 암시를 주어야 한다. 그 이유는 더 말할 필요가 없을 것이다.

다음은 타인에게 주는 부정적인 암시들이다.

"너는 실패자야."
"너는 나이가 많아서 안 돼."
"너는 학력이 낮아서 안 돼."
"너는 능력 부족이라 해낼 수 없어."

스스로를 되돌아보자. 살면서 누군가에게 이런 암시를 서슴없이 주지는 않았는지.

부정적인 암시를 던지면 그 암시를 받은 타인은 조금이라도 암시를 받아들이게 된다. 떨쳐내려 해도 떨어지지를 않는 것이다. 내 뱉은 말도 사라지지 않지만, 들은 말도 완전히 사라지지 않는다. 그렇기에 타인의 마음은 무의식적으로 그 암시를 받아들일 수밖에 없다. 부정적인 암시는 절대 금물이다.

주위에 긍정적인 사람이 있는 게 중요하다. 자신도 모르게 영향을 받기 때문이다. 부정적인 암시를 물리치는 방법은 오직 하나다. 자신의 잠재의식에 긍정적인 자기 암시를 입력하는 것이다. 물론 그래도 부정적인 암시를 전부 없애버리기는 힘들다. 힘들어도 해야 한다. 그것을 할 수 있는 사람은 자기 자신밖에 없기 때문이다. 부정적인 암시를 없애야만 행복하게 살 수 있기 때문이다.

다른 사람에게 부정적인 암시를 받았을 때 그것을 전환시킬 수 있는 긍정적인 암시를 소개한다. 부디 도움이 되기를 바란다.

1. 나는 감사할 일이 생겼을 때 즉시 감사를 표현한다.

2. 나는 구체적으로 감사를 표현한다.

3. 나는 가능한 한 공개적으로 감사를 표현한다.

4. 나는 결과보다 과정에 감사한다.

5. 나는 사랑하는 마음을 담아 감사를 표현한다.

6. 나는 진심으로 감사를 표현한다.

7. 나는 감사한 마음을 가지고 감사한 일을 본다.

8. 나는 일이 잘 풀리지 않을 때 더욱더 감사한 마음을 가진다.

9. 나는 잘못된 일이 생기면 감사한 마음으로 빨리 돌린다.

10. 나는 나 자신에게도 자주 감사를 표현한다.

나는 이 10가지 긍정적인 암시를 수첩에 적어 가지고 다닌다.
그리고 늘 실천하려 애쓰고 있다.

행복을 만드는 나

　물잔이 탁자 위에 있었다. 그 물잔에 누군가 검정 물감을 떨어뜨려 물 색깔이 검정색으로 변했다. 어린아이가 한 명 다가왔다. 아이는 새 물잔에 깨끗한 물을 담아 검정 물이 담긴 그 물잔에 붓기 시작했다. 한 번 부은 것으로는 물 색깔이 변하지 않았다. 아이는 또다시 깨끗한 물을 부었다. 그러자 아주 조금 색깔이 연해졌다. 아이는 다시 한 번 깨끗한 물을 가져다 부었다. 다시 색깔이 조금 연해졌다. 아이는 그 행동을 반복했다. 반복하면 할수록 물은 조금씩 맑아졌고, 마침내 물잔의 검정 물은 깨끗한 물처럼 맑아졌다.

　우리의 마음도 이와 비슷하다. 유전적인 요인을 포함해서 환경적으로 우리에게는 너무나 많은 부정적인 정보들이 투입되었다. 그 정보들을 몸과 마음에 지닌 채 자라났다. 그 결과 성인이 되었을 때 우리의 의식은 물잔의 검정 물처럼 탁해졌다.

　세상의 많은 어른들이 등에 커다란 '부정의 배낭'을 짊어지고 다닌다. 나이를 더 먹을수록 부정의 배낭은 커져간다. 그 배낭을 내려놓아야 한다. 우리는 어린아이가 깨끗한 물을 지속적으로 부어 맑은 물을 만들었듯이 우리의 의식 속에 깨끗한 물을 계속 부어야 한다. 그 깨끗한 물이란 감사 의식이다. 나이가 든 사람일수록 더 많이, 더 자주 감사 의식의 물을 부어야 한다. 그래야 마음이 깨끗해지고, 평온이 찾아온다.

전 세계에 1,500만 부나 판매된 웨인 다이어의 대표작 《행복한 이기주의자》. 그 책 속에는 행복한 사람은 똑똑한 사람이고 행복은 누구나 선택할 수 있으며, 자기 자신을 사랑하는 것이 행복의 첫 출발점이라는 메시지가 담겨 있다. 저자 웨인 다이어는 세계적인 베스트셀러 작가이자 자기계발 분야에서 가장 뛰어난 영향력을 가진 심리학자이다. 그는 다음과 같은 말을 남기기도 했다.

"내 인생은 내가 지휘하는 것이다. 행복한 사람은 똑똑한 사람인데, 여기에서 똑똑한 사람이란 지식이나 학식이 많은 사람이 아니라 지금 행복하다고 느끼고, 지금 소중하다고 생각하는 모든 것들을 위해 한순간 한순간을 살아가고 있는 사람이다."

자기 자신을 사랑하는 것은 전적으로 자신에게 달려 있다. 자기 사랑 훈련은 먼저 마음의 선택에서 시작된다. 자기 자신의 생각을 통제하는 법을 몸에 익혀야 한다. 어렸을 때부터 입력되어온 자기 부정과 불평 불만이 하루아침에 고쳐지기는 어렵다. 지속적인 훈런이 필요하다. 그 훈련은 생각하기, 말하기, 쓰기 등이 있다.

자기 자신을 사랑하기 위해 다음의 5가지 말들을 생각하고, 말하고 써보자.

1. 나는 내가 좋다.
2. 나는 내가 참 좋다.
3. 나는 잘할 수 있다.
4. 나는 잘해왔다.
5. 나에게 감사하다.

자기 자신을 사랑하려면 자신의 꼬리표를 알고 없애야 한다. 혹시 당신은 이런 꼬리표를 매단 채 살고 있지는 않은가.

1. 나는 숫자에 약해.
2. 나는 운동신경이 없어.
3. 나는 요리에 서툴러.
4. 나는 내성적이야.
5. 나는 신경질적이야.
6. 나는 정리정돈을 못해.

이 외에도 수많은 꼬리표들이 있을 것이다. 많은 사람들이 자기 자신에게 꼬리표를 딱 붙여버리고는 '회피'라는 보상으로 숨어버린다. 스스로를 한계에 가두어버린다. 꼬리표를 붙이면 꼬리표처럼 살게 된다. 스스로 정한 틀 안에서 벗어나지 못한다.

악성의 꼬리표를 내던지기 위해서는 자기 자신을 사랑해야 한다. 자기 사랑법을 잘 모르겠다면 우선 '과거의 나'에게 감사해보자. 지금까지 잘해 온 것에, 걸어온 것에, 버텨온 것에 감사하는 것이다. 그러면 지금의 '나'가 사랑스러워질 것이다.

밥 프록터의 《생각의 시크릿》에서는 지난 100년간 부를 거머쥔 사람들의 공통점을 말한다. 그들은 성공과 행복의 비밀이 바로 생각에 있다고 믿는다는 것이다. 허황된 믿음이 아니다. 성공한 사람들의 이야기이므로 틀린 말이 아니다. 성공과 행복은 생각에 달려 있다. 그러므로 감사할 일을 많이 생각하고, 미래에 이루어질 일을 긍정적으로 상상하자. 그러면 당신의 미래는 기쁨으로 가득 찰 것이다.

원하는 것이 미리 이루어진 것처럼 상상하라. 시간 날 때마다 상상하고 머릿속으로 그려라. 갖고 싶은 것, 가고 싶은 곳을 구체화하여 마음속에 선명하게 상상하라. 원하는 바가 선명할수록 '내 것'이라는 믿음도 강렬해진다. 나아가 감사하는 태도를 잊지 마라. 원하는 것이 실현된 것처럼 감사해야 한다. 기독교적 관점에서는 생각 속에 존재하는 것에 대해 하나님께 감사할 줄 아는 사람이야말로 진정한 믿음의 사람이다. 원하는 것을 반복해 말하는 것도 중요하지만 그보다 더 중요한 것은 반드시 실현될 것이라는 굳은 신념을 가지고 감사하는 것이다. 그 믿음과 감사를 잃지 말아야 한다.

론다 번은 저서 《파워》에서 "감사는 우주의 원대한 힘"이라고 했다. 또한 론다 번은 해당 책에서 우주로부터 전해진 감사가 파워를 발휘할 수 있는 방법 3가지를 제시한다.

1. 당신이 살아오면서 받은 모든 것에 고마워하라(과거).
2. 당신이 살면서 받고 있는 모든 것에 고마워하라(현재).
3. 당신이 삶에서 원하는 것을 이미 받은 것처럼 고마워하라(미래).

감사가 파워를 발휘하면 당신이 원하는 것을 얻을 수 있다. 감사가 파워를 발휘하면 당신의 삶은 바뀔 것이다. 감사가 파워를 발휘하면 수많은 문제를 해결해준다.

나는 감사의 파워에 대해 이렇게 말하고 싶다.

"감사는 사랑을 가져온다. 감사는 용서를 가져온다. 감사는 기쁨, 평화, 존경, 긍정 등의 의식을 높여준다."

나의 어머니 이야기를 잠시 해야겠다. 나의 어머니는 감사하는 삶을 살고 있다. 나는 어머니의 삶을 지탱해온 기초석이 감사라고 생각한다. 어머니는 항상 기뻐하신다. 지난날 힘들고 고통스러울 때도 기쁨과 긍정으로 자녀들을 대해주셨다. 그 마음속에 감사하는 마음이 가득했기 때문이라고 생각한다. 여전히 어머니는 그날그날 감사하며 살아가신다. 가까이에서 감사를 실천하신 어머니에게 나는 늘 감사드린다.

우리는 주는 것 이상으로 감사함을 많이 받고 살아가고 있다. 어머니에게 받은 감사만 해도 셀 수 없이 많은 것이다. 받은 감사가 무엇인지 깨닫기만 해도 삶은 변할 것이다. 나는 감사하는 마음이 지닌 파워를 이용하기 위해 감사하는 마음을 늘 실천한다. 감사하는 마음을 많이 나누어줄수록 우리는 더 많은 감사와 사랑을 받게 된다. 감사하는 마음은 이 세상 그 무엇보다 가치가 크다고 나는 생각한다.

지금 이 순간, 나는 감사의 기도를 올린다.

"하나님 항상 함께해주셔서 감사합니다."
"하나님 저에게 생명을 주셔서 감사합니다."
"하나님 저에게 공기를 주셔서 감사합니다."
"하나님 저에게 감사하는 마음을 주셔서 감사합니다."

수천만 세계인의 인생을 바꾼 레스터 레븐슨의 책《세도나 마음혁명》은 궁극적인 행복을 찾아주는 안내서이다. 저자 레스터 레븐

슨은 여러 질병으로 3개월 시한부 선고를 받은 바 있다. 그는 절망에 빠질 법도 한데 자신의 삶을 새롭게 정의했다. 그러면서 스스로에게 질문을 던졌다.

"내 삶에서 원하는 것이 무엇인가?"
그 대답은 행복이었다고 한다.
"그렇다면 무엇이 행복인가?"
그것은 슬픔 없는 행복이었다.

슬픔 없는 행복은 모든 사람들이 원하는 행복이다. 그 행복을 간절히 원하면 결국은 가지게 된다.

행복한 삶을 원한다면, 부정적인 생각을 버리고 마음에 긍정적인 생각을 심어야 한다. 마음으로 깊이 긍정을 심어야 진정한 '나'를 만난다. 그리고 그 순간 행복이 찾아온다. 행복은 우리가 감사할 수 있는, 사랑할 수 있는 능력이다. 우리가 사랑하고 감사할 때 우리의 삶은 조화를 이룬다. 더 많이 사랑할수록 더 많이 이해하게 되고, 더 많이 감사할수록 더 많이 사랑하게 된다. 이보다 아름다운 조화가 또 어디 있겠는가.

사랑은 함께함에 있고 사랑은 감사함에 있다. 주는 자가 축복받은 자라고 한다. 주는 행복이 큰 행복이라고 한다. 생각이 물질을 만들어낸다. 무엇이든 만들어낸다. 세상은 마음의 결과이다. 감사한 마음으로 자기 자신을 성장시켜 행복을 찾아가자.

성공학의 대가 네빌고다드는 소망을 이루는 가장 효과적인 방법을 소개했다. 그것은 소망이 성취되었다는 느낌을 사실로 받아들이고, "감사합니다"를 반복해 외쳐 감사한 감정을 가득 채워서 의식을 높이는 것이다. 한마디로 소망을 사실로 받아들이는 것을 반복해야 한다. 소망을 이루고 싶다면 소망이 이미 이루어진 것으로 믿자. 그리고 감사하자.

성경 말씀 한 구절을 소개한다.

> 무엇이든 기도하고 구하는 것은 받은 줄로 믿으라(마가복음 11:24)

성경도 가르치고 있다. 이미 받은 것으로 믿으라고 말이다. 믿음은 소망하는 바를 이루어준다. 그것이 믿음의 힘이다. 믿느냐 마느냐는 어디까지나 자신에게 달려 있다. 당신은 어떤 선택을 하겠는가?

감사로 건강하기

감사는 육체와 마음을 건강하게 만든다. 몸과 마음은 서로 연결되어 있다. 성경에도 영을 따르자니 육이 괴롭고 육을 따르자니 영이 괴롭다는 내용이 있다. 마음의 병이 육신의 병과 연결되어 있는 것이다.

《항암제로 살해당하다》의 저자 후나세 순스케는 웃음면역학에 대해 이야기한다. 웃음면역학이란 한마디로 웃음이 마음에 건강을 준다는 것이다. 후나세 순수케에 따르면 긍정적인 마음은 좋은 유전자를 발현한다고 한다. 웃음과 감사하는 마음이 유전자도 바꾼다는 것이다. 긍정적인 마음은 좋은 유전자를 발현하고 부정적인 마음은 좋은 유전자의 발현을 억제하여 마음에 병이 온다는 것이다. 즉 병이란 마음이 평안하지 않은 상태라고 한다.

웃음이나 감사하는 마음이 차오르면 면역세포인 NK세포가 활성화된다. 이것은 희망의 세포다. 암 진단을 받았을 때도 남에게 상냥한 태도와 감사한 마음으로 살아가면 생명의 유전자와 희망의 유전자가 상승되어 믿을 수 없는 기적이 나타나고 우리 몸의 자연 치유력이 상승하여 건강한 삶을 유지할 수 있다. 한편 인간의 3대 번뇌인 성냄과 탐욕과 어리석음은 좋은 유전자를 억제하여 정신활동에 문제를 일으킨다. 웃음과 감사는 이 문제도 깨끗이 해결해준다. 깨끗해진 마음은 몸의 균형을 만들어준다.

우리의 행복은 우리 안에 있다. 행복은 다른 사람에게 있는 것이 아니라 '내' 안에 있다. 따라서 성격을 바꾸면 암 사망률도 줄일 수 있다. 마음으로 암을 치료할 수 있다. 마음이 병의 원흉이다. 암은 마음의 병이다. 어두운 마음, 완벽주의, 아집, 완고한 성격 등은 암을 불러온다. 다시 말해 사랑이나 감사하는 마음이 없다면 암에 쉽게 걸릴 수 있다. 정신이 건강해야 몸도 건강해진다. 이제 암에 대한 잘못된 상식을 버려야 한다. 수많은 자연치유 전문가들이 암은 스스로 고칠 수 있다고 한다. 마음으로 고칠 수 있는 것이다.

《항암제로 살해당하다》에는 자연식 등 다양한 건강관리법이 나온다. 그 건강관리법 중 하나로 스트레스에 관한 부분을 다루었다. 스트레스가 건강에 나쁜 영향을 미친다는 것을 모르는 사람은 없을 것이다. 스트레스는 만병의 근원이다. 밝고 긍정적인 마음으로 스트레스를 몰아내야 한다. 의학에서는 플라시보 효과를 자주 사용한다고 한다. 플라시보 효과란 진통 효과와 관련이 없는 주사를 환자가 모르는 상태에서 주사했는데, 환자가 약효를 믿으면 실제로 진통 효과가 일어나는 현상을 말한다. 환자들의 믿음과 마음가짐이 없는 진통 효과를 만들어내는 것이다. 마음속 믿음과 기대가 우리 몸에 얼마나 영향을 미치는지 알 수 있게 해주는 좋은 예이다. 건강은 마음먹기에 따라 증진된다. 건강에 대한 희망이 우리를 건강하게 만든다.

반면 스트레스는 우리의 면역력을 떨어트리고 건강을 해친다. 여러 실험에서 확인한 사실이다. 따라서 우리의 면역력을 잘 유지하고 건강한 삶을 살려면 육체적인 건강관리도 중요하지만 그 못지않게 마음적인 건강관리도 중요하다. 먼저 마음을 편안하게 유지해야 한다. 최상의 마음 상태를 유지하는 비결은 긍정적인 마음과 감사하는 마음을 갖는 것이다.

《다이어트 불변의 법칙》의 저자 하비 다이아몬드는 또 다른 저서 《나는 질병 없이 살기로 했다》에서 100세까지 질병 없이 건강하게 사는 법을 소개했다. 그는 몸의 질병은 상당 부분 독소가 쌓여서 생긴다면서, 몸의 내부 청소의 중요성을 강조했다. 몸의 내부의 독소란 끊임없이 생산되는 세포쓰레기를 가리킨다. 우리 질병의 원인 대부분은 몸 내부에 더러운 독소와 쓰레기를 신속히 배출하지 못해서 생기는 것이라고 한다. 신께서 허락한 음식을 제 때에 먹는 것이 우리의 건강을 지키는 좋은 방법이다.

많은 사람들이 스트레스가 닥치면 화를 낸다. 과도한 분노와 적개심을 분출하기도 하는데, 이런 감정은 자신은 물론 주위에도 부정적인 영향을 미친다. 스트레스가 부정적 결과를 만들어내는 것이다.

스트레스를 받을 때 지나치게 폭식을 한다거나 심지어 약물까지 사용하는 경우도 있다. 이러한 방법은 비생산적이다. 생산적인 스트레스 탈출법은 적당한 운동, 건강에 좋은 음식 섭취, 긍정적인 마음 갖기 등이다.

몸의 독소를 빼고 마음에 독소도 빼야 한다. 신의 경지에 다다를 만큼 어려운 길이지만 그 길을 가야 한다. 피해 간다면 건강하고 행복한 삶을 기대하기는 어렵다. 특히 마음의 독소 빼기는 몸의 독소를 빼는 일보다 더 힘들다. 가능한 한 조금이라도 어렸을 때부터 시작하는 것이 좋다. 지금 성인이라면 한 살이라도 더 나이를 먹기 전에 시작하자. 마음의 독소를 빼는 일은 의식 속에서 수많은 부정적 데이터들을 빼는 것이다. 부정적 데이터로 얼룩진 의식을 청소하는 것이다. 청소하는 방법은 단순하다. 끊임없이 긍정의 에너지를 넣어주어는 것이다.

가장 효과적인 긍정의 에너지는 사랑과 감사이다. 사랑과 감사의 마음을 갖고 이를 표현하면 마음의 독소를 뺄 수 있다. 매일 수시로 감사와 사랑의 생각을 하고 말을 해야 한다. 꾸준히 매주, 매월, 매년, 아니 평생 넣어주어야 한다. 몸과 마음이 건강해지고 삶이 행복해진다.

하루에 10분이라도 사랑과 감사를 생각하고 또 표현해보자. 호흡 운동, 걷기 운동 등도 병행해주면 몸이 가뿐해져 더 큰 효과를 볼 수 있다. 사랑과 감사는 작은 것에서부터 시작하면 된다. 아침에 눈을 뜰 수 있다는 것, 밥 한 그릇이 허락된다는 것, 집에서 쉴 수 있다는 것부터 감사해보자. 그 소소한 일상을 사랑해보자. 그러면 어느덧 감사와 사랑으로 마음이 가득 찰 것이다. 영혼이 아름다워질 것이다. 자기 안에 잠자고 있던 거인을 만나게 될 것이다.

"생의 모든 순간을 사랑하라."

의사 밀러의 말이다. 밀러는 대학시절 감전 사고로 두 다리와 한 팔을 절단하는 비극을 겪었다. 그러나 수많은 고통을 이기고, 생의 마지막 순간에 이른 환자들을 보살피는 의사가 된다. 그리고 이렇게 말했다.

"삶이 얼마나 아름다운지요. 저는 절망과 비탄에 빠져 생을 마감할 수 있었던 사람입니다. 그런 제가 살아 있다는 사실 자체만으로도 저는 충분히 보상 받았다고 생각합니다. 우리는 힘든 일과 두려움이 닥쳐도 매순간 감사해야 합니다."

질병은 마음이 주는 에너지이다. 마음 긍정화는 질병을 치유하고 건강을 유지한다. 신체가 건강하면 정서적, 정신적 건강도 좋아진다. 이것은 건강의 기본 원리이다. 몸과 마음은 밀접하게 연관되어 있다. 몸의 질병은 우리 마음의 부조화가 일으키는 것이다. 우리의 감정과 마음 상태를 깊이 있게 들여다보아야 한다. 이것은 어디까지나 본인이 해야 한다. 할 수 있다. 우리 자신의 마음속 문제는 우리 자신이 해결할 수 있다.

미국 하버드대학 의학 박사 디팩 초프라는 고대 인도의 전통 치유와 현대과학을 접목시켜 정신 신체 의학이라는 독특한 분야를 창안했다. 그는 일상적인 습관으로 15년 더 젊게 하는 법을 저술하였다. 《통증혁명》라는 책에서 그는 정신과 육체는 떼려야 뗄 수 없는 불가분의 관계라고 했다. 또한 개인의 선택이 정신과 건강에 상당한 영향을 미칠 것이라고도 했다.

디팩 초프라에 따르면, 우리는 노화현상을 되돌릴 수 있는 숨은 능력을 가지고 있다고 한다.

"인간은 태어났을 때부터 점점 늙어 가는 것이 아니라, 성장(변화)하기를 멈췄을 때 늙는다."

그의 말을 유심히 새길 필요가 있다. 특히 '성장(변화)하기를 멈췄을 때 늙는다'는 구절에 집중하자. 이것은 개인의 선택 문제다. 개인의 선택으로 성장하기를 지속할 수 있다. 그러면 늙지 않고 젊음을 유지할 수 있다. 많은 사람들이 젊고 오래 사는 법에 대해 관심이 많다. 각종 방법을 찾으려 애쓰기도 한다. 힘들게 발품 팔아 찾아다닐 필요 없다. 디팩 초프라의 이 말 한마디면 충분하다. 성장을 선택하면 되는 것이다.

나이가 들면 누구나 정신적, 육체적 능력이 떨어지면서 변화를 귀찮아하게 된다. 습관적 사고로 굳어지는 것들이 점점 늘어나게 된다. 그것이 바로 늙는 것이다. 하지만 늦지 않았다. 지금까지의 생각과 행동을 바꿈에 따라 노화 과정을 멈출 수 있다. 인간은 유한한 생명을 가진 존재이지만, 무한한 가능성을 지닌 존재이기도 하다. 그 가능성을 믿고 성장에 도전하라. 성장하지 않으면 건강도 기대하기 어렵다. 성장을 멈추면 건강도 잃게 된다. 성장하는 사람이 건강한 사람이다.

건강을 위해 좀 더 구체적으로 접근해보자. 우선 육체를 건강하게 만드는 것부터 시작해보자. 육체를 건강하게 만드는 것이 마음을 건강하게 만드는 것보다 비교적 용이하기 때문이다. 건강한 육체를 만들고 또 유지하려면 충분한 휴식과 수면이 기본이다. 전문가들은 하루 7~8시간 수면할 것을 권유한다. 아무리 바쁘더라도 최대한 수면 시간을 확보하도록 노력해보자. 휴식과 수면은 정신을 맑게 한다. 정신이 맑아지면 마음도 맑아질 수 있다.

잠들기 전 마음을 편안하게 하고, 감사의 기도를 드리는 것으로 하루 일과를 마무리하기를 권한다. 그러면 가벼운 마음으로 잠자리에 들 수 있다. 숙면을 취할 가능성도 높아진다. 아침에 기상한 후에도 바로 감사의 기도로 하루를 시작하라. 어려울 것 없다. '내

몸'에 감사와 애정을 가지면 된다. 오늘 하루도 움직일 수 있는 '내 몸'에 감사하면 된다.

다음은 좋은 영양소 공급이다. 우리의 몸은 좋은 영양소를 공급받아야만 노화를 늦출 수 있다. 나는 건강과 관련해 심도 있게 공부를 해왔다. 수백 권의 건강 서적을 독파하며 공부한 결과 얻은 결론이 있다. 신선한 야채와 과일 도정되지 않은 곡물을 충분히 섭취하고, 동물성 식품이나 인스턴트 식품을 자제하는 식생활 습관이 건강하게 장수할 수 있는 비결이라는 결론이다. 우리의 몸은 우리가 섭취하는 음식으로 에너지를 만들고 활력을 증진시킨다. 음식 섭취에 따라 우리 신체는 달라진다. 잘 먹는 것만으로도 충분히 젊어질 수 있다.

성경의 이 구절을 음미해보자.

보라, 내가 온 지면 위에 씨 맺는 모든 채소와 씨를 내는 나무의 열매가 있는 모든 나무를 너희에게 주었노니, 그것이 너희에게 먹을 것이 되리라(창세기 1:29)

이 구절에서 말하는 대로 음식 섭취를 하면 건강하게 오래 살 수 있을 것이다.

이번에는 운동이다. 건강과 젊음을 원한다면 운동은 필수다. 규칙적인 운동은 육체와 마음에 생기를 불어넣어 준다. 건강한 몸을 만드는 데 운동은 가장 확실한 방법이다. 가능하면 최대한 몸을 움직여야 한다. 매순간 의식적으로 몸을 움직여야 한다. 그러면 육체와 정신은 큰 에너지와 활력을 얻는다. 활동적인 움직임으로 젊어지고 오래 살 수 있다.

건강을 부르는 마지막 방법은 마음이다. 마음에 항상 유익한 것을 넣어주어야 한다. 좋은 음식을 몸에 넣어주듯이 좋은 생각을 마음에 넣어주자. 지속적으로 넣어주는 습관을 들이자. 긍정, 사랑, 감사가 습관화되어야 한다. 그것을 이루면 삶이 활력을 얻는다. 몸과 마음이 건강해진다.

지금보다 더 나은 삶을 위해 무엇을 바꾸어야 할까? 바로 유전자에 대한 고정관념을 바꾸어야 한다. 인간의 유전자는 고정적이지 않고 유동적이다.

우리의 의식적 선택이 우리의 삶을 바꿀 수 있다고 한다. 모든 부정적 감정을 바꾸면 몸의 질병들을 치유할 수 있고 노화 과정을 늦출 수도 있다. 체중을 줄이고 몸의 신진대사를 정상화할 수 있다. 디팩 초프라는 저서 《슈퍼유전자》에서 모든 세포는 우리가 무엇을 생각하고 말하고 행동하는지 항상 주시하고 있다고 했다. 우리 인간은 좋은 유전자와 나쁜 유전자가 있다는 낡은 지식을 뛰어넘어 거의 한계를 모르는 슈퍼유전자를 가지고 있다고도 했다. 디팩 초프라에 따르면, 유전자는 운명이라는 것은 잘못된 개념이다.

우리는 삶의 여러 문제에 부딪쳤을 때 유전자 핑계를 대곤 했다. 이제 그 핑곗거리를 버려야 한다. 우리 몸을 구성하는 세포는 몸 구석구석에서 생생하게 움직이고 있다. 무엇이 나쁜 것인지 좋은 것인지 구별하며 순간순간 살아남으려고 전력투구하고 있다.

세상에 나쁜 유전자는 없다고 한다. 우리의 유전자는 우리가 어떻게 살아가느냐에 따라 항상 바뀐다고 한다. 우리의 선택에 따라 계속해서 반응하는 것이다. 새로운 유전자로 바뀌는 것이 아니라, 다만 우리의 선택에 따라 반응할 뿐이다. 놀라운 사실은 우리의 선택이 먼 미래 우리의 자녀들과 후손에 영향을 미친다는 점이다. 그러므로 나쁜 선택을 해서는 안 된다. 우리는 생활방식을 바꾸어야 한다. 즉 긍정적인 생각과 행동을 선택해야 한다. 그 선택에 유전자가 반응한다는 사실을 기억하라. 모든 유전자는 좋은 유전자이며 다만 우리의 선택에 따라 결정된다는 사실을 기억하라.

유전자가 우리의 선택에 따라 반응하기에 운명은 얼마든지 바뀔 수 있다. 생물학 분야에서는 기억이 유전될 수 있다고 한다. 기억은 고정불변의 단단한 유전이라고 한다. 개인의 경험이라는 기억이 후손에게 유전된다는 것은 새로운 사실이다. 후생유전학은, 세포는 모든 경험을 기억할 수 있다고 주장한다. 따라서 기억은 유전된다. 우리가 인지하는 모든 것은 유전자에게 빠짐없이 기억된다. 그러므로 좋은 기억을 만들어야 한다. 대부분의 사람들은 기억을 저장하고 떠올리는 데는 능숙하지만 나쁜 기억을 지우는 데는 서

투르다. 기억은 끈질기다. 좋은 기억도 지우기 어렵지만, 나쁜 기억을 지우는 것은 더 어렵다. 수년의 시간, 아니 그 이상의 시간이 걸리기도 한다. 쉽게 없앨 수 없는 기억, 그러니 우리는 어떤 기억을 만들어야 하겠는가.

당신의 몸과 마음은 서로 연결되어 있다. 당신의 몸속에 있는 모든 세포들은 전체의 행복을 위해 일하고 있다. 자기 중심적이라는 말은 세포에 없다. 세포와 세포는 상호 소통하고 있다. 세포는 베풂을 실천함으로써 당신의 가치를 높이고 있다. 당신뿐만 아니라 우리 모두는 세포를 본받아야 한다. 그것이 행복을 위한 길이다.

우리는 창조자이다. 우리는 저마다 삶을 창조하고 있기 때문이다. 누군가를 사랑하고, 수용하고, 평화를 지키고, 남을 기쁘게 하고, 항상 감사하는 삶이 창조적인 삶이다. 그 반대의 삶은 파괴적인 삶이다. 하루에 한 번 감사의 기도 시간을 가져보라. 자신을 내려놓고 신과 하나가 되어 보라. 신을 믿지 않더라도 그런 시간을 갖는 것만으로도 평안을 얻게 될 것이다. 신의 창조섭리를 이해할 수 있을 것이다. 그러면 감사가 찾아올 것이다. 살아 있음에, 삶에 감사하게 될 것이다. 그리고 그 이후의 삶은 풍성해질 것이다. 창조적 삶으로 나아갈 것이다.

감사는 최고의 백신, 최고의 선물

"감사하는 마음은 백신이며 항독제이며 항균제다."

– 존 헨리 조엣

행복의 조건 중에 가장 우선순위는 어떤 것일까? 대부분 건강이라고 대답할 것이다.

많은 사람들이 삶에서 가장 소중한 것으로 건강을 꼽는다. 하지만 건강이 고마운 줄을 모르고 당연하게 생각하는 사람 또한 많다. 그들은 건강을 잃었을 때 비로소 그 소중함을 알게 된다.

생각과 말이 미래를 만든다. 생각과 말은 곧 우리 자신이기 때문이다. 우리의 삶은 생각하고 믿는 대로 이루어진다. 현재 이 순간의 결과는 우리가 생각한 믿음의 결과다. 따라서 지금의 생각과 말은 당신의 미래를 만든다. 생각은 선택할 수 있다. 부정적 감정들, 분노, 비난, 죄책감, 두려움 등은 본인이 선택할 수 있는 것들이다.

긍정적인 감정들, 사랑, 기쁨, 용서, 감사 등도 역시 선택 가능하다. 이 좋은 생각들을 선택해 의식을 높이면 몸과 마음은 치유된다. 건강해진다.

대부분의 질병은 마음에서 비롯된다. 자신과 이웃을 사랑과 감사로 만들지 못하면 병 들기 쉽다. 영성과 자기계발 분야의 세계적인 베스트셀러 작가 루이스 헤이는 불행했던 자기 어린 시절을 극복한 인물이다. 그는 상처를 극복하면서 자기 용서와 사랑 그리고 감사가 큰 진리임을 깨달았다고 한다. 우리는 루이스 헤이의 '생각'을 본받아야 한다. 그래야 질병을 치유할 수 있다.

사랑은 자기 자신을 사랑하는 것에서부터 시작되어야 한다. 자기 사랑이란 자신의 몸과 마음에 일어나는 모든 현상에 감사하는 태도라고 말할 수 있다. 마음에 감사함이 넘쳐흐를 때 사랑도 가득해진다. 모든 문제의 근원은 자기에 대한 부정적 감정이다. 자신을 보잘것없다고 느끼는 마음이 있으면 사랑은 앞으로 나아가지 못한다. 삶도 뒷걸음질 친다. 나아가는 삶을 살려면 자신을 사랑하고 현재 가지고 있는 자신에게 감사해야 한다.

질병과 건강은 사람의 마음과 깊은 연관이 있다. 건강은 몸과 마음이 좋은 자연스러운 상태이다. 우리의 삶 속에서 사랑과 평화, 용기, 감사 같은 긍정적인 생각을 지속시킬 때 우리는 건강한 삶을 영위할 수 있다. 의사들도 환자의 태도와 마음에 따라 치료율이 차이가 나는 것을 알고 있다. 행복한 생각은 생리적 변화를 일으켜 건강으로 이어진다. 그러므로 지금 이 순간 행복한 마음을 가져라. 걱정이 사람을 병 들게 하고 늙게 만든다.

과거의 걱정부터 없애자. 지나간 것은 지나간 것이다. 과거의 실수와 시행착오는 그대로 인정하자. 실수나 상처, 원한 등 마음에 남은 깊은 아픔은 몸속으로 스며들어 질병을 일으키는 주요 원인이 된다. 과거는 가버렸다 생각하고 현재에 관심을 모아야 한다.

미래에 대한 걱정도 불필요하다. 어차피 미래는 사람의 힘으로 통제할 수 없다. 걱정할 시간에 무엇 한 가지라도 더 시도하는 것이 낫다. 미래에 대해 근거 없이 지나치게 낙관하는 것도 좋지 않지만, 즐겁고 행복하고 긍정적인 결과를 상상하는 것이 좋다. 그러면 최소한 건강해질 수 있다. 건강하게, 행복하게 살려면 과거와 미래에 머물러서는 안 된다. 현재에 집중할 때 건강하고 행복한 삶을 살아갈 수 있다. 현재의 삶이 '나'에게 주는 것에 감사한 마음으로 살아갈 때 걱정은 사라진다.

자아를 만족시키면 건강한 삶을 가질 수 있다. 자아의 만족은 인간의 기본 욕구이다. 자아의 필요에 따라 질병이 더 나빠지기도 하고 좋아지기도 한다. 우리의 자아는 감사와 사랑과 격려 등을 먹고 살아간다. 그런데 대부분의 사람들이 자아의 결핍을 안고 살아간다. 이러한 욕구들이 충족되지 않을 때 질병과 심신쇠약으로 이어진다고 한다.

행복하고 건강한 사람들은 사랑과 감사와 격려를 많이 받아 자부심이 높아진 사람들이다. 그렇다면 어떻게 해야 사랑과 감사와 격려를 많이 받을 수 있을까? 당신의 자아가 사랑을 원하면 다른 사람을 먼저 사랑하라. 당신이 충분한 감사를 받고 싶다면 먼저 감사의 표현을 하라. 순수하게 격려하라. 이것이 정답이다. 심은 대로 거둔다는 법칙은 동서고금에 걸쳐 변하지 않는 법칙이다.

　특히 나는 감사를 강조하고 싶다. 높은 의식수준인 감사야말로 건강에 최고 좋은 특효약이라 생각하기 때문이다. 그런데 감사하며 살기가 사실 쉽지 않다. 날마다 좋은 일만 생기면 또 모르겠지만 세상살이가 어디 그런가.

　따라서 음식에 감사하는 것으로써 감사 습관 들이기를 권한다. 음식은 매일 섭취하는 것이고 만족을 줄 확률이 높기 때문에 감사 연습에 제격이다. 또한 잘 먹는 것이 곧 건강과 직결되므로 일석이조다. 날마다 '내'가 섭취하는 음식에 감사하자. 음식은 몸을 이루는 기본 물질이며 정신건강에도 도움이 되는 에너지원이다. 그 소중한 것이 주어지는 상황에 감사하자. 음식을 만들어주는 손길에 감사하고, 자연을 선물해준 신에게도 감사하자.

　감사 습관을 위한 음식 먹기에 관한 몇 가지 조언을 여기 적는다.

1. 음식을 먹는 일에 주의를 집중한다.

2. 먹기 전에 잠시 동작을 멈추고, 신과 이웃에게 감사한다.

3, 배가 고플 때 먹고, 배가 고프지 않으면 먹지 않는다.

4. 마음이 불편하다면 음식을 먹기 위해 자리에 앉지 않는다.

   기분이 나아질 때까지 아무것도 먹지 않는 편이 몸에 좋다.

5. 시간을 충분히 갖고 음식을 천천히 씹어 먹는다.

6. 함께 음식을 먹는 사람들에게 감사하고, 음식을 만드는 사람을 칭찬한다.

7. 기분을 나쁘게 만드는 사람과는 함께 음식을 먹지 말고, 되도록이면 좋아하는 동료나 친구, 가족들과 함께 먹는다.

음식을 대하면서 감사하는 마음을 표현하면 삶이 편안해진다. 감사하는 마음으로 음식을 먹을 때 기쁜 삶을 살아갈 수 있다. 건강한 몸과 건강한 마음을 완성할 수 있다.

요즘 목이나 어깨에 원인 모를 통증으로 고생하는 사람들이 많다. 몸의 통증은 대부분 마음에서 나온다. 미국 뉴욕대학교 의과대학 교수이며 재활의학 연구소 소속 의사 존 사노는 심신의학으로 수천 명의 통증 환자를 치료한 사람이다. 그는 치료를 가능하게 했던 것은 바로 마음의 힘이라고 했다.

존 사노에 따르면 전체 성인의 80% 이상이 통증으로 고통스러운 삶을 경험한다고 한다. 그런데 기존의 많은 통증들의 원인은 심리적인 이유였다고 한다. 과거의 사고나 상처로 인해 심리를 위축시키고, 그 위축된 심리가 통증을 불러온 것이다. 부정적 감정들, 불안, 분노, 불평, 다시 말해 스트레스가 마음속 깊은 곳에 있는 무의식과 현재의식을 억압할 때 몸의 통증으로 나타나는 경우가 많다. 존 사노는 17년간 지속한 연구 끝에 통증과 마음과 몸의 관계성을 알게 되었다. 그는 통증의 치료 전략은 뇌의 습관을 바꾸는 것이라고 한다. 통증이 일어나는 원인을 몸에 두지 말고 마음에서 찾으라는 이야기다. 마음을 보는 지혜의 눈을 키우면 통증은 사라진다. 잠재의식에 지배를 받지 않도록 의식적인 마음에 주도권을 주어야 한다. 부정적 감정이 무의식에 깊이 억압되면 그 감정으로 인해 건강에 악영향을 미친다. 마음을 통해 암, 심장혈관계, 면역계 등의 각종 질병은 정복될 수 있다. 질병을 고치는 그 마음은 긍정적인 생각, 그리고 사랑과 감사가 바탕이 된다.

마음을 다스리면 통증도 사라진다. 이를 믿고 행동에 옮기자. 생각이 현실이 될 수 있다.

루이스 헤이는 저서 《힐 유어 바디》에서 몸과 마음의 관계를 설명했다. 마음의 과학 전문가이기도 한 그녀는 치유와 개인적인 성장이라는 테마로 수천 명의 사람들을 도와주었다. 그녀는 우리가 완전하고 건강한 삶을 살기 위해서는 육체와 마음과 영혼이 조화를 이루어야 한다고 강조한다. 이 세 가지가 조화롭게 성장해야 행복한 삶을 살 수 있다고 한다.

우리는 긍정적인 생각으로 삶을 살아가야 한다. 건강하게 살기 위해서다. 여러 육체적 질병들을 영원히 제거하려면 정신적인 원인을 제거해야 하고, 그래서 긍정적인 생각이 필요하다. 자기 안의 분노, 원한 등이 질병을 일으킨다. 수백 가지 육체의 질병들이 마음과 관련이 있다. 그러한 질병들에는 사랑과 감사가 최고의 치료제이다. 사랑과 감사를 사용하면 기쁨이 차오르고, 그 기쁨은 몸을 활기차게 만든다.

자기 자신에게 사랑과 감사를 주자. 그것은 최고의 선물이다.

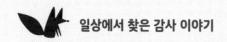

사촌 누나의 생명에 대한 감사

감사가 특별한 것이 아니다. 누구에게는 일상일 뿐이고, 아픔이고 고통이라고 느낄 수 있다. 어떤 상황황에서든 감사를 찾고, 기쁨을 나누고 있음을 알 수 있다. 소소한 일상을 사랑해보자. 그러면 어느덧 감사와 사랑으로 마음이 가득 찰 것이다. 무통분만을 경험한 사촌누나의 감사 이야기를 들어보자

보통 산모들은 아기를 낳을 때 많은 고통을 겪는다는데, 저는 자연분만이었으나 전혀 고통을 느끼지 못하고 큰아들을 낳은 경험이 있습니다.

큰아들이 태중 7개월 때 여의도 순복음 교회 김순이 전도사님을 통해 전도를 받게 되었는데요. 저는 불교 집안에서 태어나 쉽게 신앙을 받아들이지 못했습니다. 그런 제게 전도사님이 말했습니다.

"새댁, 요즘에는 기형아도 많이 나온답니다. 그러니 같이 기도합시다."

아기를 위해 못할 것도 없다고 생각되어 기도를 하러 교회에 나갔습니다. 전도사님은 몸이 무거워져가는 저를 두 달간 집 앞부터 교회까지 픽업해주시며 섬겨 주셨습니다.

전도사님이 어느 날 차 안에서 그러셨어요.

"새댁, 영혼이 맑은 사람은 아프지 않고 아기를 낳을 수도 있대요."

그 말에 왠지 마음이 끌렸습니다.

'혹시 나도 영혼이 맑은 사람이어서 고통 없이 아기를 낳을 수 있지 않을까?'

정말로 영혼이 맑아지고 싶었는지 어느 날 저는 전도사님이 선물해준 성경책을 꺼내 창세기를 읽었습니다. 창세기를 통해 이브가 하나님이 금한 선악과를 따먹는 바람에 분만의 고통을 벌로 받았다는 사실을 알게 되었습니다. 순간 이런 생각이 들었습니다.

'이브도 분만의 고통을 받았는데, 내가 무슨 통뼈라고 열외 되겠나?'

저절로 기도가 나왔습니다.

"하나님 그냥 저는 우리 아가 손가락 열 개, 발가락 열 개, 정상으로만 태어나게 해주세요."

어느덧 분만일이 코앞이었습니다. 출산 예정일 전날인데도 아무 고통이 없었습니다. 그래서 저는 아기 낳을 준비를 하기 위해 입원해야 된다는 간호사의 말을 무시하고 저녁때까지 실컷 놀다 집에

왔습니다.

다음 날, 예정일이 되었는데도 아무 느낌이 없었습니다. 저는 오전에 친정 엄마랑 쇼핑까지 즐겼습니다. 그러고 집에 오는 길에 아랫배가 살짝 무거운 느낌이 들더군요. 본래 큰 대학병원에서 낳기로 되어 있었는데, 가까운 산부인과로 그냥 들어갔습니다.

그때가 오후 5시였는데, 저는 조금 뒤인 오후 5시 25분에 큰아들을 낳았습니다. 정말 분만이란 게 이렇게 쉬워도 되는 건가 싶을 만큼 싱거운 분만이었습니다. 대기실에서 보았던 다른 산모들, 끙끙 앓던 그들에게 미안할 정도였습니다.

옛 어른들은 산실에 들어갈 때 신발을 쳐다보며 '저 신을 다시 신을수 있을까?' 하고 걱정했다고 합니다. 그만큼 분만은 위험하고 고통스러운 일이지요. 그 이야기를 되새겨보면 정말 제가 큰 축복을 받은 것 같습니다. 큰 축복을 주신 하나님께 감사드립니다. 쑥 나와준 큰아들에게도 감사하고요.

지금 저는 이 출산 이야기를 간증으로 써먹으며 살고 있답니다. 택시 탈 때마다 기사님께 전하고 있어요. 그것도 참 감사한 일입니다.

Chapter 3

감사로 이루는
성공자의 삶

감사는 행복을 낳는다

Thank
you!

행복의 열쇠, 감사

행복한 세상은 '나'로부터 비롯된다. 개개인이 행복해지면 세상이 행복해지는 것이다. 그러므로 우리는 행복한 세상을 위해 행복해야 할 의무가 있다. 그렇다면 어떻게 해야 행복을 얻을 수 있을까?

감사하는 마음을 가지면 행복해진다. 그렇다면 감사는 어떻게 나오는 걸까? 남을 생각하고 배려하고 봉사하는 마음이 바탕이 되면 감사가 나온다. 사실이다. 그러므로 이타심을 가져야 한다. 이타심이 세상을 밝게 만든다. 이타심은 곧 나눔이다. 나눔을 삶의 목표로 세워보자. 나눔은 우리 모두의 목표가 되어야 한다.

나는 모든 사람이 다 함께 감사를 실천해 행복한 세상을 창조하는 것이 신이 원하는 목표라고 생각한다. 그것이 신이 우리 인간에게 심어준 의무라고 생각한다. 모두가 서로에게 감사하자. 감사하는 마음을 가지면 행복해진다. 실제로 감사하는 마음을 가지면 뇌도 긍정적으로 변하고, 살아가는 삶도 바뀐다는 것이 의학적으로도 밝혀진 바 있다. 감사하는 마음을 잃으면 그 반대의 변화가 나타난다. 단적인 예로, 나의 경우 부모님을 생각하면서 나에게 사랑을 주었던 기억을 떠올리면 마음이 차분해지고 기분이 좋아진다. 반대로 과거에 나에게 상처를 주었던 사람을 떠올리면서 원망을 하면 가슴이 답답해지고 기분이 나빠진다.

감사하며 살자.
행복해지는 비결은 감사다.
용서를 쉽게 할 수 있는 비결은 감사다.
스트레스를 이기는 비결은 감사다.
멋진 경영자가 되는 비결은 감사다.
멋진 직원이 되는 비결은 감사다.
부자가 되는 비결은 감사다.

수많은 성공한 사람들의 공통적인 마음가짐은 감사다. 그들은 사업이 잘돼도, 잘 안 돼도 감사를 실천했다. 때로 분노가 치밀어 오를 때면 감사로 다스렸다.

감사하는 마음을 꾸준히 갖는 것은 사실 어렵다. 그래서 부자가 많이 없는 것인지도 모른다. 오너는 직원에 대한 감사한 마음을 갖다가도 문득 미운 마음이 들고, 직원도 오너에게 감사한 마음을 갖다가도 문득 불만이 생긴다. 그게 사람이다. 따라서 감사하는 마음을 꾸준히 가지려면 훈련이 필요하다. 감사 쓰기, 감사한 일 듣기, 감사 말하기 등을 지속적으로 훈련하는 것이 좋다. 감사 습관을 쌓는 사람은 성공을 거머쥘 수 있다.

인생은 수행이다. 살다 보면 지겹고 지칠 때도 있다. 이럴 때 불평만 하기보다는 수행이라 생각하고 어떻게 하면 좋을까 생각해보는 것이 좋다. 행복이라는 것은 마음으로 느끼는 감정이기 때문에 본인이 마음먹기에 달려 있다. 행복해지려고 마음먹으면 행복해질 수 있다. 지구는 수행의 장소이다. 이곳에서 감사를 수행하고 실천하는 것이 바람직한 인생이라고 나는 생각한다. 감사의 씨를 뿌리자. 감사의 말을 하고 감사의 글을 쓰며 씨를 뿌리면 세상이 행복해진다. 세상을 행복하게 만드는 인생은 얼마나 가치 있는 인생인가.

감사를 강조하는 성경 말씀을 다시 한 번 새겨보자. 기독교인이 아니더라도 가슴 깊이 반드시 새겨야 할 성경 말씀이다.

모든 일에 감사하라(데살로니가전서 5:18)

감사가 인생의 답이다. 감사의 달인들은 하루에 100번 이상 입술로 감사를 고백하는 목표를 가지고 산다고 한다. 그들이 감사하다고 느끼는 것은 정말 소박하다. 여기 몇 가지를 소개한다.

1. 두 손으로 일할 수 있어 감사

2. 두 발로 걸을 수 있어 감사

3. 두 눈으로 볼 수 있어 감사

4. 두 귀로 들을 수 있어 감사

5. 건강해서 감사

지속적으로 행복해 하는 사람들은 평생 감사하는 삶이 목표이다. 감사는 감사를 낳고, 불평은 불평을 낳는다. 많은 사람들이 일상에서 감사함을 잊고 산다. 힘든 일이 있을 때는 더욱 감사를 잊는다. 감사를 더하면 하나님의 축복이 더한다고 한다.

감사는 행복의 열쇠다.

나는 힘든 일이 있을 때 항상 어머니를 떠올린다. 일찍 혼자되셔서 세 남매를 잘 키우시고 항상 삶의 모범을 보여주신 어머니를 생각하면 저절로 감사가 나온다. 그 감사는 내게 활기를 불어넣어준다. 어머니 이야기를 꺼낸 김에 이 자리에서 감사를 전해야겠다.

항상 저를 위해 기도해주시는 어머니, 감사합니다.

감사를 실천하고 모범을 보여주신 어머니, 감사합니다.

이웃에게 베풀고 도와주는 봉사의 마음을 보여주신 어머니, 감사합니다.

진정한 행복은 물질에 있는 게 아니라 감사에 있다는 것을 가르쳐주신 어머니, 감사합니다.

삶의 목적이 무엇인지 아는 것이 제일 중요한 일이다. 살면서 자신이 원하는 삶이 무엇인지 스스로에게 진지하게 물어보자. 지금까지 그런 질문의 시간이 없었다면 서둘러 그 시간을 가져보자. 어떻게 질문해야 할지 모르겠다면 다음과 같이 물어보자.

'신은 과연 무엇을 이루게 하려고 나를 이 세상에 보낸 것인가?'

저마다 답이 다를 것이다. 답을 못 찾을 수도 있을 것이다. 그러나 나는 한 가지는 분명하다고 확신한다. 신이 나를, 당신을 이 세상에 보낸 목적은 '행복'이라는 것을.

감사는 행복의 기본이다. 모든 일에 감사하는 마음을 가지면 자신이 행복해진다. 남에게 감사를 표하면 그 사람이 행복해진다. 이런 일이 번지고 또 번지면 온 세상이 행복으로 가득 찬다.

감사하기는 모든 것을 바꾸는 태도이다. 우리는 보통 '일어난 일'에 감사를 한다. 과거에 감사, 현재에 감사, 미래에 감사하는 생각의 습관을 가져보자. 감사 일기나 감사 메모를 꾸준히 기록하는 것도 좋은 방법이다. 이른 습관은 정신건강에도 효과적이다. 사소한 일이든, 엄청난 일이든 상관없다. 우선 딱 일주일만 감사 일기나 감사 메모를 적어보자. 그러면 더 많은 감사가 찾아올 것이다.

행복은 가까운 곳에 있다. 결코 먼 곳에 있지 않다. 클로버가 그 좋은 예다. 네잎클로버의 꽃말은 '행운'이다. 네잎클로버는 그 수가 드물다. 눈에 잘 띄지 않는다. 사람들은 행운을 찾기 위해서 많은 시간과 노력을 투자해야 한다. 세잎클로버의 꽃말은 '행복'이다. 세잎클로버는 흔하게 볼 수 있고, 가까운 곳에 많이 있다. 찾기도 쉽고 갖기도 쉽다. 행복은 바로 세잎클로버와 같다.

클로버 이야기는 오래전에 나의 어린 아들이 들려준 이야기다. 두고두고 생각이 난다. 참으로 옳은 이야기다. 행복은 가까운 데 있다. 특히 자기 자신 안에 있다. 행복을 멀리서 찾을 필요 없다. 자기 안에서 찾으면 된다. '자기 안'은 가장 가까운 곳이다. 마음만 먹으면 당장이라도 행복을 찾아낼 수 있다.

수많은 사람들이 끝없이 행복을 추구하면서 살아가고 있다. 행복을 얻기 위해 필사적으로 노력하는 사람도 적지 않다. 그런데 그런 사람들 대부분은 외부에서 행복을 찾으려 한다. 더 많은 수입, 더 좋은 직장, 더 좋은 집, 더 큰 자동차, 더 높은 지위에만 행복이 있는 줄 안다. 있다고 믿는다. 물론 외부가 주는 행복이 꼭 나쁘다고는 평가할 수 없다. 그러나 그 행복만 좇다 보면 피폐해지기 쉽다. 가령 더 높은 지위를 얻으려면 스스로를 타인과의 경쟁에 내몰아야 하기 때문이다. 가족, 친구, 이웃, 어려운 사람을 돌아볼 시간 없이, 충분한 휴식과 여가 없이 목표를 향해 달려가도록 채찍질해야 하기 때문이다. 그러다 보면 이기적인 마음이 생겨나기 십상이다. 경쟁에서 우위를 점하려면 타인의 이익을 살필 겨를이 없기 때문이다.

이기적인 마음을 버리고 감사하는 마음과 친절한 마음으로 살아가자. 그러면 누구나 행복한 삶을 살아갈 수 있다. 특히 감사가 중요하다. 감사는 행복의 기초석이다. 자기 안에 감사가 자리 잡으면 번듯한 행복의 집을 지을 수 있다. 신이 그렇게 세상을 만들었다. 신이 공연히 "모든 일에 감사하라"고 말한 것이 아니다. 믿든 안 믿든, 감사가 행복을 불러온다는 것은 진리이다.

괴로운 마음에 시달리면 그것은 욕심이라고 한다. 노력을 조금 하고 많은 것을 원하면 그것도 욕심이라고 한다. 욕심은 '자기 안'에서 행복을 집어삼킨다. 진정한 행복을 원하는 사람은 욕심을 비워내야 한다. 노력은 하되 이루어지지 않아도 낙심하지 않고, 더 좋은 방법을 찾아 도전해야 한다. 새롭게 계획을 세운 뒤 연구하고 노력하여 실력을 키워야 한다. 그 과정에 충실해야 하며, 또 감사해야 한다. 감사는 다시 시작할 수 있는 원동력이다.

분노 또한 행복을 방해하는 요소이다. 분노를 잘하는 사람은 자기 생각에만 사로잡혀 있는 경우가 많다. 자기 생각에 사로잡혀 있는 사람은 옳고 그름을 판단할 때 객관성을 잃고 본인 기준으로 하는 경우가 많다. 이 경우 분노할 일이 더 많아진다. 객관적으로 보면 화낼 일이 아닌데, 주관적으로 보면 조그만 일도 크게 보일 가능성이 높기 때문이다. 객관전으로 보는 눈과 상대방을 인정하는 마음을 가지면 분노할 일은 대폭 줄어든다.

분노는 자기 생각 속에서 생겨난다. 화가 날 만한 상황이 있는 것이 아니라 본인 생각 속에 화가 날 요인이 있어 화를 내는 것이다. 그 상황에 어떻게 반응 하느냐에 따라 얼굴을 펼 수도, 찌푸릴 수도 있는 것이다.

물론 아무리 객관성을 유지하더라도 평생 화를 참고 살기는 어렵다. 억지로 화를 누르다가는 울화병이 생길 수도 있다. 그래서 감사 훈련이 필요하다. 분노할 일이 생기더라도 더 큰 분노로 확대되지 않는 것에 감사해야 한다. 분노를 유발한 상대방을 다시 들여다볼 수 있는 기회를 얻은 것에 감사해야 한다. 분노를 통해 자신이 성장할 수 있는 계기를 얻은 것에 감사해야 한다. 어렵지만 반복적으로 훈련을 하면 할 수 있는 일이다. 진정한 승리자는 화를 올바르게 다스리는 사람이다.

나는 당신이 감사 훈련을 통해 평안을 누리기를 소망한다. 행복하게 살기를 기원한다. 감사는 당신의 운명을 바꾼다. 누군가와 갈등이 생겼을 때, 그래서 화가 날 때 이렇게 생각해보자.

'나를 성장시켜준 당신에게 감사드립니다.'

'나의 운명을 바꿔주신 당신에게 감사드립니다.'

기독교에서는 감사를 강조한다. 감사는 사실상 신의 명령이다. 기독교의 신인 하나님은 모든 일에 감사하라고 명한다. 세상을 창조하고, 인간을 창조하고, 세상 모든 것을 주관하는 하나님에게 감사할 것을 의무로 정한다.

아무리 독실한 기독교인이라도 현실적으로 범사에 감사하기는 정말 힘들다. 기독교인도 평범한 사람일 뿐 특별히 훌륭한 인품을 가진 사람은 아니다. 그래서 기독교인들은 늘 성령 충만하게 해달라는 기도를 올린다. 성령이 충만하면 감사가 나오기 때문이다. '성령'은 '하나님의 영'이다. 하나님의 영은 기독교인에게 근본적인 힘이다. 그 힘이 가득하니 하나님의 뜻대로 살아갈 수 있는 것이다. 감사하며 사는 것은 '하나님의 뜻'이다.

나도 기독교인이므로 늘 성령이 충만할 것을 기도한다. 어린 시절 나는 감사가 부족한 사람이었다. 일찍이 아버지를 천국으로 떠나보내서 감사함을 잃어버렸다.

'하나님은 왜 아버지에게 병을 주고, 일찍 데려가셨을까? 어린 내게 왜 이런 슬픔을 주시는 걸까?'

원망과 불평을 가질 수밖에 없었다. 내 마음에 감사가 들어올 자리는 없었다.

누구나 어려운 일이 닥치면 감사함을 잃기 쉽다. 매사에 감사하기란 쉽지 않은 것이다. 그래서 우리는 감사를 체질화해야 한다. 감사가 체질화되면 모든 일에 감사하게 된다. 하루를 시작할 수 있는 것도, 걸을 수 있는 것도, 먹을 수 있는 것도 감사할 수 있다.

왜 하나님은 우리에게 감사를 명했을까? 내가 깨달은 바는 이것이다.

하나님은 우리가 행복하기를 원하기에

행복하게 살려면 감사해야 한다. 그것이 신의 뜻이다.

기도의 사람 조지 뮬러는 믿음으로 고아들을 돌본 인물이다. 그는 고아원에 먹을 것이 떨어졌을 때조차 감사 기도를 드린 사람이다. 그가 빈 식탁에 고아들과 함께 둘러앉아 감사 기도를 드렸을 때 막 구운 빵과 신선한 우유를 실은 마차 한 대가 고아원에 찾아왔다는 일화는 유명하다. 부근의 공장에서 종업원들이 야유회를 열기 위해 음식을 준비했는데, 폭우로 야유회가 취소되자 고아원으로 보내온 것이다. 조지 뮬러의 감사가 배고픔의 해결이라는 행복으로 열매를 맺은 것이다. 조지 뮬러는 감사로 어려움을 이겨낸, 진정으로 감사를 행한 인물이라 할 수 있다.

우리에게도 조지 뮬러의 감사가 필요하다. 어려움과 고난과 마주했을 때도 감사할 수 있는 마음을 가져야 한다. 우리가 행복하게 살기를 원하는 하나님은 고통으로 우리를 멸망시키려는 것이 아니라 감사를 받고 행복을 주려는 계획을 갖고 있다. 그러므로 절망할 필요 없다. 실패를 두려워할 것도 없다. 감사만 하면 된다. 하나님은 고통을 통해 더 선한 길로 인도한다. 성경 〈욥기〉의 주인공 욥의 이야기가 바로 그것을 드러내는 증거이다. 욥은 재산도 잃고 자식도 잃지만 감사로써 더 큰 복을 받는다.

피뢰침으로 유명한 벤자민 프랭클린 역시 감사로 삶을 일군 인물이다. 그는 하나님에게 받은 사랑에 대한 보답으로 다른 사람을 위해 기도했다. 받은 것에 감사하며 그것을 주려고 한 것이다. 또한 그는 기근을 당해도 금식기도를 하며 감사를 실천했다. 이렇게 감사가 몸에 밴 생활을 한 덕분에 벤자민 프랭클린은 미국의 존경받는 저술가, 과학자, 정치가로 자리매김할 수 있었다.

감사는 희망의 생명력이다. 절망 가운데 감사를 잊지 말자. 조지 뮬러와 욥과 벤자민 프랭클린처럼.

인간관계의 대가란 별명을 가진 데일 카네기는 〈행복론〉을 저술하기도 했다. 그는 자신의 책에서 평화롭고 행복한 정신 상태를 기르는 방법을 말한다. 여러 방법 중 가장 좋은 방법은 감사다. 카네기는 "지금 자기 자신이 가진 것에서 감사하라"고 했다.

우리는 지금 현재 가지고 있는 것에 감사하고 있는가. 감사가 없다면 스스로를 불행하다고 느낄 가능성이 높다. 나는 현재 내가 가지고 있는 것들에게서 감사거리를 찾으며 산다. 감사거리를 찾는 습관을 들여 행복하게 삶을 가꾸어 나가고 있다. 우선 아침에 일어나자마자 감사할 일을 되도록 많이 생각해본다. 내가 받은 감사한 것들을 헤아려 보는 것이다. 감사를 표할 때는 대가를 바라지 않는다. 대가를 바라는 순간 감사는 퇴색된다.

내가 경영을 할 때 종업원이 어째서 감사할 줄 모르는지 생각해보았다. 급여가 불만이었을 수도 있겠고, 매출을 올리라는 경영자의 압박이 힘들어서였을 수도 있었을 것이다. 나중에 안 사실이지만 직원들만의 문제가 아니었다. 내가 문제였다. 내가 감사할 줄 모르는 경영자였기에 직원들도 그랬던 것이다. 나는 감사할 줄 모르면서 종업원으로부터 감사를 기대했기에 직원들이 못마땅했던 것이다.

사무엘 박사는 "감사한 마음은 교양의 결실이며 비천한 사람에게는 찾아볼 수 없다"고 했다. 내가 바로 사무엘 박사가 말한 그런 사람이었다.

당신은 나와 같은 사람이 되지 않기를 바란다. 내가 범한 과오를 범하지 않기를 바란다. 그리고 감사하는 삶을 살기를 기도한다.

감사에 눈 뜨기

우리는 행복한 삶을 살기를 원한다. 행복은 만족함에서 온다. 우리는 행복하기 위해 태어났다. 행복하기 위해서는 행복의 문을 열고 들어가야 한다. 행복의 문을 여는 열쇠는 감사다. 행복의 열쇠를 열어 인생을 감사로 물들이며 살아야 한다. 행복해서 감사한 것이 아니라 감사해서 행복해진다는 소신으로 살아야 한다. 감사 인생으로 세상에 족적을 남겨야 한다. 우리에게는 행복한 세상을 만들 의무가 있다.

사람은 누구나 행복하기 위해 살고 행복하기를 바란다. 그 바람을 이루려면 감사에 눈을 떠야 한다. 감사는 행복한 삶의 기초다. 기초는 부지런히 닦아야 한다. 즉 잠깐 생각날 때만 감사하는 것이 아니라 수시로 감사해야 하는 것이다. 평생 감사해야 하는 것이다. 행복은 누가 주는 것이 아니다. 자기 자신이 만들어가는 것이다. 행복해서 감사하는 것이 아니라 감사해서 행복해지는 삶을 살아야 한다. 감사는 분명 행복의 문을 여는 열쇠다.

나는 매일 아침마다 잠에서 일어나면 성경 시편 136:1~7장을 낭독한다. 이 말씀들은 '감사의 장'이다. 그다음에는 감사가 나오는 구절들을 찾아 읽어 본다. 이것이 나의 감사 생활의 시작이다. 감사 내용을 읽고 나면 마음에 평안이 찾아오고 즐거워진다. 감사 말씀을 읽고 묵상하는 시간은 세상에서 가장 은혜로운 시간이다.

뿌린 대로 거둔다는 말이 있다. 남에게 해준 말은 언젠가는 반드시 되돌려받는다. 어떤 형태로든 부메랑이 되어 돌아온다. 내가 인생을 살면서 직접 체험하고 깨달은 점이다. 말이 씨가 되어 사람의 운명이 된다. 감사도 마찬가지다. 감사도 뿌린 대로 거둔다. 베푼 감사는 감사로 돌아온다. 감사의 언어는 다시 감사의 언어로 되돌려받는다. 이것 역시 체험하고 깨달은 것이다.

감사가 당신의 삶의 전부가 되도록 노력하라. 그러면 감사할 일이 넘친다. 감사하는 마음에서 기적의 씨앗이 자라난다. 감사는 두려움과 절망을 밀어내고 희망을 불러들인다. 기적을 만들어낸다. 누구나 성공했을 때 교만해지기 쉽다. 교만하면 성공이 오래 가지 못한다. 성공을 오래 유지하고 싶으면 성공했을 때 감사해야 한다. 감사한 사람은 겸손하다. 감사는 겸손한 사람에게 주는 신의 선물이라고 한다.

우리는 우리가 행복하게 살기를 원하는 신에게 이렇게 감사해야 한다.

"오늘 일용할 양식을 주셔서 감사합니다."

"오늘 공기를 주셔서 감사합니다."

"오늘 걸을 수 있어서 감사합니다."

"오늘 일할 수 있어서 감사합니다."

"오늘 함께 일할 수는 동료가 있어서 감사합니다."

이미 받은 것으로 믿고 감사하면 이루어진다는 것은 성공학의 절대법칙이다. 올바른 기도는 간청의 기도가 아니라 감사의 기도다. 우리가 현실에서 체험하기로 선택한 것에 대해 미리 신에게 감사할 때, 사실상 우리는 그것이 실제로 있음을 인정하는 셈이다. 따라서 감사는 신에게 보내는 가장 강력한 믿음의 약속이다. 감사는 자신이 원하는 것을 이루는 가장 확실한 기도의 방법이다.

그러므로 우리는 이렇게 기도해야 한다.

"이루어질 것으로 믿고 감사드립니다. 그러나 이루어지지 않아도 감사드립니다. 신의 뜻대로 하소서. 신에게 모든 것을 맡기며, 모든 것을 감사드립니다."

신이 세상을 창조한 것 그 자체만으로도 충분히 감사할 일이다. 그 세상에서 살고 있는 것만으로 감사가 넘쳐야 한다. 그것이 행복과 성공의 길이다.

행복할 조건이 없다 해도 감사할 수 있는 능력은 위대한 능력이다. 특별한 이유 없이 행복해지고 싶다면 특별한 이유 없이 감사해보라. 외부의 환경에 영향을 받지 않고 내면에서 나오는 행복을 느껴보라. 그런데 과연 사람이 이유 없이 행복할 수 있을까?

힘들지만 가능하다. 나는 진정으로 행복한 사람들을 찾아서 다양하게 연구했다. 그들은 이유 없이 감사함으로 이유 없이 행복을 느낀 사람들이다. 행복한 사람들은 불행한 사람들과 삶의 방식이 다르다. 그들에게는 독특한 습관이 있다. 바로 행복한 조건이 없음에도 감사하는 습관이다. 행복한 사람들 중에는 유전적으로 행복해할 줄 아는 사람도 있지만, 후천적으로 행복을 유지하는 습관을 실천함으로써 행복해지는 사람들도 있다.

후천적으로 감사 습관을 들이는 좋은 방법은 긍정의 생각을 마음속에 새기는 것이다.

'너는 똑똑해.'

'너는 다른 사람을 돕기 위해 힘든 일을 가고 있어.'

이러한 긍정의 생각을 심으려 노력해야 한다.

어떤 신학자는 "당신이 평생 한 기도가 '감사합니다'뿐이라면 그것으로도 충분합니다"라고 말했다. 우리는 삶을 살아가면서 '감사합니다'를 얼마나 자주 외쳤는가. 그렇게 외치고 싶어진 경우는 몇 번이나 있었는가. 많은 사람들이 선뜻 '예'라고 대답하지 못할 것이다.

이유 없이 행복한 사람은 삶에서 소유의 많고 적음과 관계없이 감사를 가지고 산다. 그들은 감사에 집중한 사람들이다.

이제 행복을 위한 습관 3가지를 소개한다. 이 3가지를 습관화하는 데 성공한다면 당신의 인생은 성공 반열에 오를 자격이 있다.

1. 만족의 습관

2. 겸손의 습관

3. 감사의 습관

믿음의 사람들은 감사할 때 하나님은 물론 모든 사람이 은혜가 된다고 한다. 그야말로 박애주의가 싹트는 것이다. 그들은 절대 감사는 삶을 바꾸는 최고의 원동력이며, 절대 진리로 삶을 승리하는 영적 법칙이라고 한다. 그래서 짜증과 분노의 요인을 감사의 체질로 바꾸어 하나님의 뜻을 발견해보라고 한다. 감사하는 삶이야말로 모든 문제의 해답이라고 한다. 나는 이 말에 절대 찬성이다. 나 또한 "감사가 답이다"라는 말을 믿는다. 감사는 축복 받는 길이며 행복의 열쇠이다.

감사는 신앙의 기초이기도 하다. 신앙생활의 기쁨도 감사가 충만하면 자동으로 따라온다. 감사에 집중하는 삶을 살면 감사의 사람이 된다. 감사를 통해 절대자이신 하나님과 하나가 될 수 있다. 이 모든 것이 감사의 능력이다.

감사는 많은 것이 준비된 사람이 하는 것이 아니다. 준비되지 않은 사람도, 부족함을 느끼는 사람도 할 수 있다. 훈련하면 가능하다. 우리는 어렸을 때부터 불평 불만의 습관이 유전되었거나, 또는 환경적으로 전염되어 있다. 그래서 하루아침에 감사 습관을 들이기는 쉽지 않다. 군사 훈련처럼 혹독한 훈련이 필요하다. 1년 365일 체질화될 때까지 감사 습관 들이기에 매진해야 한다. 절대 감사로 바꾸어야 한다. 마음의 불안과 염려와 두려움을 박살내는 방법은 절대 감사뿐이다.

절대 감사는 절대 대단한 것이 아니다. 다음과 같은 일들에 감사하는 것이 절대 감사를 실천하는 것이다.

1. 웃을 수 있어 감사

2. 말할 수 있어 감사

3. 걸을 수 있어 감사

4. 함께할 수 있어 감사

5. 일할 수 있어 감사

6. 먹을 수 있어 감사

7. 책을 읽을 수 있어 감사

8. 숨을 쉴 수 있어 감사

9. 건강해서 감사

10. 감사하지 않은 것이 없어서 감사

아침에 일어나서 밤에 잠자리에 들 때까지 감사할 것은 많다. 나

혼자 씩씩하게 잘 살아온 것 같지만, 혼자서는 아무것도 할 수 없는 것을 아는 것이 감사의 시작이다. 곧 신에 대한 감사가 모든 감사의 출발점이다.

세상 모든 것은 '나'를 위한 신의 선물이다. 공기, 물, 꽃과 나비, 온갖 열매들은 모두 '나'를 위해 존재하는 것이다. 조용히 앉아서 눈을 감고 깊이 생각해보자. 자연이 '나'를 위해 움직이고 있다는 깨달음이 찾아올 것이다. 우리들 대부분은 이 소중한 자연을 그저 받기만 하고 살아가고 있다. 이제 마음속 깊이 감사를 표해야 한다.

감사기도로 소망을 이루다

　기도의 에너지를 확신의 에너지로 바꾸어야 한다. 그러면 다시 돌아온다. 나는 인생을 살면서 부메랑의 법칙을 수시로 느낀다. 좋은 것을 주면 좋은 것이 오고, 나쁜 것을 주면 나쁜 것이 온다. 뿌린 대로 거두는 인과의 법칙은 불변의 법칙 같다. 참 진리라고 생각한다.

　감사도 마찬가지라 생각한다. 분명히 부메랑의 법칙이 있다. 감사의 에너지를 주면 반드시 감사의 에너지가 다시 온다. 부메랑의 법칙은 기도에서도 적용된다. 이미 받은 것처럼 의심하지 말고, 이미 얻은 줄로 믿고 구하면 받게 된다는 것이다. 신과 한마음이 되어 이미 얻었다는 확신을 가지고 감사하는 마음으로 원하는 것을 기도하면 이루어진다는 것을 나는 깨달았다. 확신과 감사하는 마음이 합해진 기도는 큰 힘을 발휘한다.

　기도는 신과 나누는 대화이며 소통이다. 대화와 소통의 핵심은 감사이다. 기도하기 전에 감사의 마음을 지니고, 기도 마무리에는 감사로 확신을 드리는 것이다. 신이 무엇을 주시든 상관없이 감사하는 마음으로 받도록 간구하는 것이다. 성경은 "오직 믿음으로 구하고 조금도 의심하지 말라"고 한다. 감사함으로 신에게 맡기면 된다.

우리는 형식적인 종교 생활에서 빠져나와야 하다. 그 첫 번째 방법은 믿음으로 신이 원하는 기도를 하는 것이다. 신의 뜻에 맞는 기도를 하면 응답은 100퍼센트 온다. 신이 '나'를 통해 이루실 일이 무엇인가 생각하는 것, 그것이 신앙의 첫 단추이다.

사실 우리는 우리를 잘 아는 것 같지만 잘 모른다. 우리 모두에게는 무의식 속에 신의 속성을 가지고 있다. 하지만 이를 알고 있는 사람은 드물다. 신의 속성을 발견하는 일은 하나님의 은혜로만 가능하다. 신의 속을 알게 되면 지금껏 가져온 헛된 욕심을 내려놓을 수 있다. 세상적으로 판단하고 세상적인 기준으로 무언가를 이루려고 했던 의지를 버릴 수 있다. 악함을 비워낼 수 있다. 그 대신 나누고, 배려하고, 사랑하고, 감사하는 마음을 채울 수 있다. 이 마음들이 바로 신의 속성이다.

우리는 신의 속성을 찾게 해달라고 기도해야 한다. 자신의 부족함을 신에게 내어놓는 것이 그런 기도이다. 진짜 기도이다. 아무리 돈을 많이 번다고 해도 우리는 만족하기 힘들 것이다. 사람의 욕심은 끝이 없기 때문이다. 대부분 더 벌기 위해 애를 쓸 것이고, 번

돈을 지키기 위해 전전긍긍할 것이다. 이런 삶은 신의 뜻과 어긋나는 삶이다. 그런 삶에는 행복도, 감사도 없다. 신의 뜻대로 살면 진짜 참 평강이 무엇인지 맛볼 수 있다. 그래서 신의 뜻을 구하고 은혜를 구하는 기도를 해야 한다.

기도는 인간이 가진 자연스러운 본능이다. 위급한 순간, 절체절명의 위기에서 인간은 신을 찾는다. 본능의 발현이다. 그 본능은 신이 부여한 것이다. 신을 믿든 안 믿든 그것은 진리이다. 그 진리대로 신을 찾을 때 신은 기뻐한다.

잃어버린 본능을 찾아야 한다. 다시 신에게 돌아가야 하며, 기도해야 한다. 기도로써 신에게 돌아가는 것은 삶의 근원으로 돌아가는 것이다. 그곳에는 평안이 있다. 감사가 있다. 축복, 평화, 기쁨, 사랑이 있다. 나 역시 기도할 때 그것을 느낀다. 기도할 때는 온갖 부정적 감정에서 자유로워진다. 한없이 평화로워진다. 신이 어떤 하루를 계획했을지 궁금해서 하루하루가 흥미진진해진다. 기도란 근본적으로 침묵 가운데 신비롭게 이루어지는 신과의 만남이라기보다는 신과 편안하게 말을 주고받는 일종의 대화이다. 듣고, 대화하고, 만나는 일련의 쌍방향 소통 활동이다. 그런 기도에 행복이 존재한다. 기도를 하면 행복을 마음껏 누릴 수 있다. 기도는 행복해지는 수단이 아니라 행복 그 자체이다.

영적으로 더 깊이 기도의 세계로 들어가는 통상적인 경로는 바로 성경 말씀 묵상이다. 성경 말씀을 마음으로 깊이 묵상하고 기도하라. 묵상이 없는 기도는 신과의 교제를 빈약해지고 차가워지게 만든다. 묵상은 성품의 변화를 약속한다. 습관적으로 기도하고 감사하기를 그치게 한다. 신과 항상 동행하는 삶으로 안내한다. 결국 기도는 신에게 초점을 맞추어야 한다. 감사의 본질은 신이 하는 일을 찬양하는 것이다.

이제 감사기도를 이루는 요소에 대해 소개하고자 한다.

1. 육신의 삶을 이어 가게 하심에 감사하며, 신과의 관계를 알게 하신 것에, 사랑하고, 섬기고, 누리게 해주신 것에 감사해야 한다.
2. 수많은 질병과 위험에서 지켜주신 것, 즐겁고 유쾌하며 견딜 만한 삶을 살아가게 해주신 것에 감사해야 한다.
3. 많은 일들을 성취하고 목표에 도달하게 해주신 것에 감사해야 한다.
4. 지혜와 능력이 부족함에도 온갖 선물을 값없이 보내주신 거에 감사해야 한다.
5. 무슨 일을 만나든지 걱정할 필요가 없음을 알게 하셔서 감사해야 한다.
6. 물처럼 쏟아주신 큰 은혜와 사랑에 감사해야 한다.
7. 나쁜 습관과 사고방식을 버리고 바꾸게 도우시며, 무지와 어리석음으로부터 보호하신 것에 감사해야 한다.
8. 고통스럽고 고단한 길을 함께 걸어주시는 것에 감사해야 한다.

신은 신의 뜻대로 간구하며, 어려움에 처했을 때 지체하지 말고 간구하라고 한다. 신은 기도를 들어주기로 이미 작정했다.

그러므로 너희는 서로 잘못들을 자백하고 치유를 위하여 서로 기도하라. 의인의 효과적이고 열렬한 기도는 역사하는 힘이 많으니라(야고보서 5:16)

또한 성경은 계획을 세워서 매일 기도하라고 한다.

항상 기뻐하라
쉬지 말고 기도하라
모든 일에 감사하라(데살로니가전서 5:16~18)

모든 것은 상상하는 대로
이루어진다

마음의 법칙들을 연구한 결과 위대한 사람들은 위대한 비밀을 알고 있었다. 이 비밀을 알고 있는 사람은 링컨, 에디슨, 아인슈타인, 베토벤 등의 위인들이다. 모두 자기계발의 대가들로, 위대한 업적을 이룬 사람들이다. 그들이 알고 있는 비밀이란 바로 '끌어당김의 법칙'이다.

끌어당김의 법칙을 믿고 실천하면 원하는 것은 무엇이든 얻을 수 있다. 건강이든 금전이든 행복이든 무엇이든 손에 넣을 수 있다. 위대한 성공자들은 하나같이 끌어당김의 법칙을 사용해왔다. 또한 물질적인 풍요를 누리는 사람들 역시 의식적으로든 무의식적으로든 이 법칙을 사용해왔다. 끌어당김의 법칙이란 자기 자신을 자석이라고 가정하면 자석처럼 원하는 것을 끌어당긴다는 것이다. 마음으로 원하는 것을 생각하고, 그 생각이 마음에 가득하게 할 수 있다면 우리의 삶은 생각한 대로 현실을 만든다. 마음속으로 가장 많이 생각하는 것이 '나'에게 온다. 위대한 사람들의 삶의 중요한 비밀은 바로 끌어당김의 법칙에 있었다. 그러므로 우리의 생각이나 감정이 중요하다.

우리에게는 긍정적 감정과 부정적 감정이 모두 있다. 좋은 생각이 좋은 감정을 만들고 나쁜 생각은 나쁜 감정을 만든다. 따라서 생각이 모든 결과를 이루는 원인이라는 것을 알아야 한다. 인생의 성공과 행복, 기쁨과 사랑은 우리가 살아가는 데 있어서 핵심 목표이다. 이 목표들을 이루는 가장 기본적인 생각은 '감사하는 마음'이다. 물질적인 것을 추구하는 것은 당연한 일이지만, 더 가치를 두어야 할 것은 정신적인 것이다. 감사하는 마음이야말로 정신적인 것 중에 으뜸이다.

우리의 현재 삶은 과거의 자신이 생각해온 결과이다. 따라서 멋진 결과를 내려면 강력한 정신적 도구를 가지고 다녀야 한다. 그 도구가 바로 감사이다. 감사한 일을 꾸준히 생각하고, 기록하고, 표현하면 삶이 바뀌고 운명이 바뀔 것이다. 자력의 법칙, 끌어당김의 법칙을 기억하라. 그 법칙으로 성공하려면 감사라는 도구를 활용하라. 감사는 역사상 위대한 성공자들이 증명한 삶의 핵심이다.

'내' 안에 무한한 능력을 잠재능력이라 하고, 그 능력 안에 지속적으로 인풋하는 것을 자기 암시라고 한다. 자기 암시에 대한 믿음이 강할수록 원하는 결과 역시 확실하고 빠르게 나타난다. 《자기 암시》의 저자 에밀 쿠에는 자기 암시법이 놀라운 효과를 보여준다고 했다. 나는 이것을 '감사 암시법'이라 부른다. 자기 마음 안에 수시로 감사의 마음을 넣으면 놀라운 삶의 변화를 갖게 될 것이다. 입술을 움직여 자기 암시를 걸면, 무의식은 이것을 명령으로 받아들인다. 여기에 입술로 감사의 자기 암시를 걸면 놀라운 결과들을 만들어낼 수 있다. 감사에 대한 확신이 생길수록 결과들은 더욱 좋아질 것이다.

인간이라면 누구나 잠재능력을 가지고 태어난다. 잠재능력에 감사를 인풋하자. "상상하면 이긴다"라는 말이 있는데, 감사한 일을 상상하면 이길 수 있다. 수시로 감사한 일을 상상하자. 상상하면 잠재의식 속에 인풋된다. 그러면 승리하는 삶이 된다. 모든 것은 상상하는 대로 이루어진다. 상상력을 길들이는 방법은 자기 암시이다. 마음속으로 집중해서 원하는 것을 쟁취하자. 자기 암시를 한 대로 이루어질 것이다.

구하라. 그러면 너희에게 주실 것이요 찾으라 그러면 너희가 찾을 것이요 두드리라 그러면 너희에게 열릴 것이다. 이는 구하는 자마다 받을 것이요. 찾는 자는 찾을 것이요. 또 두드리는 자에게는 열릴 것이기 때문이라. 너희 가운데 누가 아들이 빵을 달라는데 돌을 주며 생선을 달라는데 돌을 주겠느냐? 너희가 악하다

할지라도 너희 자녀에게 좋은 선물을 줄 줄 알거든 하물며 하늘
에 계신 너희 아버지께서 구하는 자들에게 좋은 것들을 많이 주
시지 않겠느냐?(마태복음 7:7~8)

이 성경 말씀은 우리에게 '간절히' 구할 것을 가르치고 있다. 소
원을 이루려면 간절함이 있어야 한다. 간절히 원해야만 반드시 그
렇게 된다. 다만 그 소원은 진실함이 담긴 소원이어야 한다. 거짓
되고 부정한 소원은 이루어지지 않는다.

간절하게 생각의 씨앗을 수시로 의식에 심자. 그 방법 중 하나
는 생각을 시각화하는 것이다. 시각화는 간편하게 할 수 있다. 눈
에 잘 띄는 곳에, 편안한 곳에, 일상적인 공간에 글이든 그림이든
사진이든 눈으로 볼 수 있는 무언가를 만들어 붙이면 된다. 핸드폰
액정화면도 효과적인 시각화 공간이다. 시각화를 통해 소원을 상
기시키며 간절하게 구하라. 간절하게 감사를 인풋하라. 이미 이루
어진 것이라 생각하고 간절하게 감사하라. 그러면 이루어진다. 신
이 좋은 것을 줄 것이다.

간절함 역시 습관화하는 것이 좋다. 그 습관화를 위해 다음과 같
이 외쳐보자.

"나는 행복하다!"
"나는 감사하다!"

"나는 부유하다!"
"나는 즐거운 일이 있다!"

말의 힘으로 행복한 삶을 끌어올 수 있다. 입 밖에 내는 말로 좋은 기운을 내뿜으면 된다. 감사 인사는 좋은 기운을 내뿜는 좋은 말이다. 그러므로 무언가를 받았을 때는 즉시 감사 인사를 하는 것이 좋다. 그러면 감사한 일을 더 많이 끌어올 수 있다. 또한 자주 하는 것이 중요하다. 감사 인사를 자주 하면, 그 인사를 받는 상대방과 '나' 사이에 좋은 기운이 흐른다. 좋은 기운은 행복을 가져올 수 있다.

모든 일에 "감사합니다" 하고 말해보자. 좋은 일이 생겨도, 좋지 않은 일이 생겨도 감사하다고 말하는 것이 습관이 되면 상황은 개선된다. 감사는 우주 에너지와 연결이 되어 있기 때문에 우주가 감사할 만한 상황을 만들어준다.

성경에 하나님은 말씀으로 이 세상을 창조하셨다고 한다. 말의 힘이 얼마나 큰지 알려주는 결정적인 증거이다. 말의 힘을 믿고 좋은 말을 많이 하고 자주 하자. 지금은 말 잘하는 사람이 성공하는 시대이다. 고맙다는 말 한마디로 주변에서의 평가가 달라진다. 고맙다는 말 한마디로 신임을 얻을 수도 있다. 물론 진심이 담긴 말이어야 한다. 이것은 아무리 강조해도 지나치지 않다.

현대과학과 동양사상을 접목시켜 새롭고 유용한 것을 만들어내는 의사 매튜 버드는 "말하는 대로 이루어진다"라고 했다. 말하는 그대로가 자신의 인생이다. 행복한 삶을 위해 언어 비타민을 섭취하자. 우리는 언제나 언어 속에 있다. 무의식적인 언어 습관이 우리를 불행하게 만들기도 하고 행복하게 만들기도 한다. 내 삶도 언어 훈련을 통해 완성되어 간다.

감사는 답을 알고 있다

에모토 마사루가 지은 《물은 답을 알고 있다》라는 책이 있다. 물의 결정 사진을 가득 담은 책이다. 그 사진들은 물에게 말과 음악을 들려주거나 글씨를 보여주었을 때 일어나는 결정의 변화를 찍은 것들이다. 그 변화의 결과는 실로 놀랍고 신비롭다. 우리가 "고맙습니다", "사랑합니다"와 같은 말을 들었을 때 얼굴에 미소가 번지듯이 물의 결정도 그러했다. 좋은 자극에는 예쁜 모양을, 나쁜 자극에는 미운 모양을 만들어냈다.

물은 정말 답을 알고 있다. 그 답을 우리에게 알려주고 있다. 해당 책에서 저자는 "고맙습니다", "사랑합니다"라는 말은 대자연의 규칙이고 생명현상의 근원이라고 한다. 정답이다. 물이 알려주는 답은 결국 '사랑'과 '감사'이다. '나'와 '내' 주위를 사랑과 감사로 채우면 이 세상은 아름다워진다. 온통 사랑하고 감사해야 할 것으로 가득 찬다.

인간의 몸은 연령에 따라 조금 다르지만 약 70퍼센트의 물로 되어 있다. 물질적으로 보면 인간은 물로 만들어진 것이나 다름없다.

'어떻게 하면 행복한 인생을 살 수 있을까?'

이 질문에 한마디로 답할 수 있다. 몸의 70퍼센트를 차지하는 물을 깨끗이 하면 된다. 물에게 '사랑'과 '감사'라는 글을 보여주었을 때 물의 결정은 꽃처럼 활짝 피어났다. 물이 '깨끗이' 변한 것이다. 사랑과 감사의 힘이다. 사랑과 감사는 세상을 깨끗하게 만든다. 인생을 행복의 길로 인도한다.

팸 그라우드라는 여성이 있다. 그녀는 세계 여행가이고, 사랑이 많은 엄마이고, 베스트셀러 작가이고, 백만장자이다. 만나는 모든 사람에게 영감을 주는 귀인이라고도 한다. 그렇게 잘 나가는 팸 그라우드는 어린 시절 외모 콤플렉스에 시달리며 상처를 안고 살았다. 그러던 중 '운명을 바꾸는 힘'을 발견하여 자신의 인생을 바꿔 나갔다. 그 힘이란 바로 "무엇을 생각하든 그 생각은 어김없이 물리적 현실에 영향을 준다"는 원리이다. 이 원리를 받아들인 그녀는 생각을 바꾸어 자신의 운명까지 바꾸었다.

우리의 생각이 현실을 만든다. 의식하고 노력하면 얼마든지 바꿀 수 있다. 미혹에 갇힌 '나'를 해방시키고, 사실이라고 믿었던 것들을 과감히 버리게 할 수 있다. 마음만 바꾸면 된다. 혹시 지금 도저히 부자가 될 수 없다는 생각을 마음에 고정하고 있는가. 그렇게 생각하는 것은 결과적으로 가난을 미리 결정해버린 셈이다. 생각을 바꾸자. 부자가 된 느낌에 온 마음을 쏟아붓고, 삶에서 이미 분명한 풍족한 모든 존재, 그러니까 가족, 친구, 이웃 등의 존재에 감사한다면 가난의 나락으로 떨어지는 일은 없을 것이다. 감사에 더욱 몰두한다면 언젠가 부자의 삶을 살아갈 수 있을 것이다. 우리의 의식은 많은 것을 이룰 수 있는 '에너지 장'이다. 그 에너지 장의 힘을 믿고 의식을 회복하자. 사랑과 감사로 정신을 무장하자.

거듭 강조하지만 우리가 행복감을 느끼지 못하도록 방해하는 것은 우리의 생각이다. 생각의 방향과 초점을 감사로 돌려야 한다. 행복은 우리의 선택이다. 감사로 하루를 시작하자. 감사로 하루를 시작하면 기분 좋게 하루를 보낼 수 있다. 하루를 행복하게 만드는 호르몬이 마구 분출된다. 모든 일에 감사하고 무조건 감사하라. 당신이 경영자라면 일하는 직원이 지각해도 감사, 고객이 화나게 해도 감사하라. 당신이 직원이라면 경영자가 화를 내도 감사, 고객이 무례하게 해도 감사하라. 더 나빠지지 않음에, 사람과 세상을 배울 수 있음에 감사하라. 감사하다고 외쳐라. 신은 끊임없이 우리가 복된 삶을 살기를 원한다고 나는 믿는다. 우리가 부자로 살기를 원한다고 나는 믿는다. 우리에게 즐거운 일만 가득하기를 원한다고 나는 믿는다. 믿기에 감사의 마음을 신에게 바친다.

우리는 우리 마음속에 신이 심어놓은 것들을 찾아서 쓰기만 하면 된다. 감사하는 생각을 가지고 감사함을 마음껏 표현하자. 감사가 넘치면 감사의 세상으로 바뀔 것이다.

지금이라도 당장 이렇게 외쳐보자.

"나는 행복한 사람이다."
"나는 좋은 것들을 많이 받았다."
"나는 과거에도, 현재에도, 미래에도 감사한 일이 많이 있다."

식장에서 주문한 대로 음식이 나오듯이 우리는 끊임없이 마음속의 '나'에게 주문하면 된다. 하고 싶은 것, 되고 싶은 것, 갖고 싶은 것을 당당히 말해라. 그리고 이루어진 것처럼, 이미 받은 것처럼 감사를 표현해라.

감사하면 얻어지는 것들

나는 지금껏 삶을 체험하고 수많은 독서를 하면서 한 가지 결론을 얻었다. 감사를 가지고 산다면 대부분의 일들이 잘 해결된다는 것이다. 나는 일상을 살다가 습관처럼 잠깐 멈추고 나에게 감사한 것을 가져오곤 한다. 무언가 일이 진행이 잘 안 된다는 느낌을 받을 때 잠시 멈추고 현재 있는 것에 감사하는 마음을 갖는다. 그러고 나면 자연스럽게 평온함을 찾아 새로운 기분으로 일할 수 있게 된다. 새로운 것을 받아들일 수 있는 여유도 생겨난다.

일은 잠깐 하는 것이 아니고 꾸준히 해야 되는 것이다. 그렇기에 열심히만 하지 말고 몸과 마음을 편안하게 하면 오히려 더 발전적인 방향으로 나아갈 수 있다. 마음을 편안하게 하는 방법은 감사다. 머리가 복잡할 때 잠시 하던 일을 멈추고 차분히 감사한 일들을 생각해 보자. 부모님의 돌보심, 형제들과의 나눔, 친구와의 우정 등을 하나하나 되새겨보자. 예상 밖의 일들까지 감사로 다가올 것이다.

일에만 몰두하면 누구나 지치기 마련이다. 자기 자신과 주위를 돌아보는 시간이 반드시 필요하다. 그 시간이 바로 감사의 시간이다. 혼자 저녁식사를 먹더라도 자신이 아낌없이 사랑해주고 감사하면서 먹는다면 한결 맛있는 저녁식사가 될 것이다. 따뜻한 위로가 될 것이다.

마음에 감사와 사랑이 있으면 세상이 아름답게 보인다. 감사하는 마음은 사람과의 관계를 좋아지게 만든다. 감사는 이해, 배려, 나눔을 동반하기 때문이다. 이런 '동반자'들로 인해 삶은 행복해진다. '나'는 물론 다른 사람의 삶도 행복해진다. 감사는 전염성이 높기 때문이다. 감사를 온 세상 사람들에게 전염시킬 필요가 있다. 감사 바이러스는 전혀 위험하지 않다.

감사가 인간관계의 윤활제인 이유 중에는 '용서'도 있다. 감사는 사람을 용서하게 만드는 힘이 있다. 배신하고 떠난 사람, 사기 치고 도망간 사람, 상처를 준 사람을 용서하게 만든다. 어렵지만 되게 한다. 살면서 그런 사람들이 있었다면 감사 학습도구라 생각하고 실습을 해보기 바란다. 그들과의 있었던 사건에 대해, 그들과의 만남에 대해 감사해보자. 물론 그렇게 한다고 해서 그들이 좋아지거나 예뻐지기는 힘들 것이다.

　또한 그들이 좋거나 예뻐서 용서하라는 것은 아니다. 자기 자신을 위해서 용서하라는 것이다. 쉽지는 않겠지만 성장을 위한 훈련이라고, 성장통이라 생각하고 해보자. 그들을 위해서 감사의 기도를 해보자. 결국 그 결과는 평안으로 되돌아올 것이다. 평안은 좋은 것들을 많이 만들어준다. 그것을 바라보며 용서를 해보자. 지금 이 순간까지 용서하지 못한 사람이 있다면 지금 이 순간부터 연습해보자.

　용서는 마음속에서 비워내는 행위이다. 싫어하고 미워하는 사람을 더 이상 마음에 넣어두지 말자. 그들을 용서함으로써 떠나보내자. 이별하자. 싫어하고 미워하는 사람과 이별하지 못하면 마음만 힘들다. 그 힘든 마음이 몸으로 연결되어 몸도 상하게 된다.

　우리는 사람들과의 관계 속에서 많은 것을 얻기도 하고 또 잃기도 한다. 얻는 것이 많아지려면 감사하는 마음을 가져야 한다. 감사하는 마음으로 먼저 다가가는 것이 좋다. 상대방이 다가오기를 기다리는 것보다 '내'가 먼저 다가가는 것이 더 빠르다. 훨씬 빠를 수도 있으니 마음의 문을 열고 다가가자. 그러면 상대방도 어느 순간 '내' 마음에 들어와 있을 것이다. "적이 많으면 남 흉보는 버릇부터 고치라"는 말이 있다. 남 흉보는 버릇부터 고치고 남에게 감사하는 버릇부터 들이자. 적들은 사라지고 우군만 남을 것이다. 많은 적들이 우군으로 변하는 기적이 일어날 것이다.

우리는 모두 다 실수하고 사는 부족한 존재이다. 그러므로 서로 용서하고 사랑하고 감싸주고 감사해야 한다. 어차피 더불어 살 수밖에 없는 세상이다. 기왕 함께 살 거면 서로 웃으면서 행복하게 사는 게 좋지 않겠는가. 혼자 산다고 세상과 등을 진다고 해도 무인도가 아닌 이상 완벽하게 혼자 되기는 어렵다. 혼자인 삶은 외롭고 힘겹다. 고독사가 괜히 생기는 것이 아니다. '나'를 혼자이게 하지 않는 타인이 존재한다는 것만으로도 감사할 일이다. 지금 '내' 곁에 누군가 있다면 그 사람에게 감사의 마음을 가져보자. 물론 감사를 표현하기까지 한다면 더할 나위 없이 좋다.

우리는 타인에게 이렇게 감사를 표현해보자.

"당신이 옆에 있어서 감사합니다."
"함께 일해서 감사합니다."
"나에게 배움을 주어서 감사합니다."

"나에게 성장의 기회를 주어서 감사합니다."

이 외에도 표현할 감사는 무궁무진하다. 책 한 권으로는 어차피 다 담지 못하기에 이쯤에서 줄인다.

감사하자. 행복과 기쁨과 평화가 올 것이다.

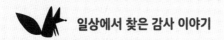

나의 어머니께 감사

> 감사의 시작은 부모님부터 시작된다. 감사의 근거를 먼
> 저 생각할 때 낳아주신 부모님에 대한 감사가 시작되고,
> 나의 존재 자체만으로도 감사하다.

나는 시골 작은 마을에서 태어났다. 아버지와 어머니의 사랑을
받으며 여동생, 남동생과 함께 자랐다. 하지만 행복한 시절은 초등
학교 5학년 때까지였다. 아버지의 암투병이 시작되면서 행복은 깨
졌다.

아버지는 나이 38세에 직장암을 선고받았다. 그 당시 유명한 병
원에서 수술을 받았다. 수술 직후 완치되었지만 겨우 1년 만에 암
이 재발되어 다시 투병생활을 시작했다. 아버지는 2년 가까이 투병
생활을 하면서 수많은 약을 먹고 수많은 진통제를 맞았다. 침술로
유명하다는 사람이 와서 아버지의 온몸을 침으로 도배하듯이 치료
를 한 적도 있었다. 기도하면 치료된다면서, 기도 능력으로 유명한

151

사람들도 많이 왔다 갔다. 하지만 아버지는 나날이 뼈만 남을 정도로 야위어 갔고, 나중에는 진통이 너무 심해서 집 안이 떠나갈 정도로 고함을 치기도 했다. 어린 나는 그런 아버지를 지켜보면서 행복을 느낄 수가 없었다.

아버지는 점점 더 진통제를 자주 맞게 되었다. 하는 수 없이 어머니가 주사 놓는 법을 배웠다. 아버지를 대신해 생업을 맡고 있던 어머니는 틈틈이 아버지에게 주사를 놓고서 다시 일을 하러 가셨다. 나중에는 아버지가 나를 부르시더니 이렇게 말했다.

"아들아, 네가 주사 놓는 것 좀 배워라."

나는 돼지고기 생고기에 주사 놓는 법을 연습했다. 그런 나를 보고 아버지는 믿음이 생기셨는지 엉덩이에 주사를 놓으라고 말씀하셨다. 처음에는 주사기가 잘 들어가지 않았다. 주사기를 빼서 다시 시도하고, 또 빼고 다시 시도했다. 그때서야 주사기가 잘 들어갔다. 그 후로 어머니가 많이 바쁘시면 내가 아버지에게 주사를 놓았다.

나는 자전거를 타고 다니며 여기저기 약 심부름도 하고 다녔다. 하루는 아버지가 너무 고통스러웠는지 아버지 친구 댁에 가서 농약을 가져오라고 하셨다. 나는 아버지 친구분을 찾아가 아버지의 말을 전했다. 울면서 전했다. 상황을 파악한 아버지 친구분은 농약병을 깨끗이 씻은 뒤 물을 담아서 나에게 주었다. 나는 그것을 드렸다. 아버지는 그것을 드시지는 않았다. 농약병을 본 순간 삶에 대한 애착이 생겼던 것일까?

어느 날 아버지가 아침 일찍 우리를 깨우셨다. 별다른 일은 없었다. 우리 형제는 평소처럼 밥을 먹고 학교에 갔다. 그런데 나는 무언가에 자꾸 이끌리는 기분이 들었다. 그래서 수업 중간에 집으로 돌아왔다. 선생님께는 어머니를 도와드려야 한다고 말씀드리고 조퇴 허락을 받았다.

마당에 들어서는데 어머니의 음성이 들렸다. 나는 방문을 열었다. 어머니는 아버지에게 어디를 자꾸 쳐다보냐고 묻고 있었다. 아버지는 천장을 계속 쳐다보고 계셨다. 어머니가 내게 말했다.

"아버지가 돌아가실 것 같다고 동네 어르신들께 알려라."

나는 자전거를 타고 동네를 돌면서 어르신들께 어머니의 말을 전했다. 집에 돌아오니 동생들도 와 있었다. 우리 형제들은 아버지 입에 설탕물을 한 수저씩 넣어드렸다. 그리고 얼마 후 아버지는 하늘나라로 가셨다. 내 나이 열두 살 가을에 나의 등대이신 아버지가 내 곁을 떠난 것이다. 나는 두려웠다. 앞으로 세상을 어떻게 살아가야 할지.

아버지는 겨우 마흔에 세상을 떴다. 삶에 대한 의지가 강했지만 암을 이기지 못했다. 충격을 받은 나는 방황하기 시작했다. 때마침 사춘기가 겹쳐 반항심도 더해졌다. 아마도 아버지가 없다는 외로움과 혼자라는 두려움이 반항심으로 표출된 듯하다. 중학생, 고등학생이 되어도 나는 쉽게 마음을 잡지 못했다.

아들이 마음을 잡지 못하고 친구들하고만 어울릴 때 어머니는 항상 아들을 위해 조용히 눈물의 기도를 하셨다. 결국 어머니의 지속적인 사랑과 관심에 나의 마음은 움직였다.

나는 사촌형이 권하는 미용을 배우기로 마음먹고 미용학원에 등록해 새로운 삶을 시작했다. 그 후로 사업도 벌였다. 사업을 하면서 여러 번 어려움을 겪었는데, 그때마다 어머니는 항상 나를 위해 기도해주셨고, 대화로 나에게 힘을 주셨다.

어머니는 '말'에 대해 중요하게 생각하는 분이셨다. 방황하며 말썽 부리는 내게 화를 낼 때도 '말이 씨가 된다'고 생각하셔서 "이 예수 믿고 천당갈 놈아"라고 하실 정도였다. 그만큼 본인의 생각을 실천하시는 분이셨다.

어머니는 38세에 혼자 되어 아이 셋을 잘 키우셨다. 한결같이 신앙적으로도 본을 보이셨다. 우리 집은 포도농사를 지으며 생계를 유지했는데, 어머니는 포도 과수원도 거의 혼자 돌보셨다. 내가 도와드리기는 했지만 큰 힘은 되지 않았다.

어머니의 끈기와 인내 그리고 한없는 사랑이 있었기에 오늘의 내가 있다고 생각한다. 나이가 들수록 어머니의 사랑과 헌신이 더욱 감사하게 느껴진다. 어머니는 70세 되던 해 성경필사를 시작하셨다. 그 필사는 5년이라는 시간이 흘러서 완성되었다. 학교를 다녀본 적 없는 어머니는 교회에 다니면서 글을 익혔는데, 그 힘으로 성경필사를 완성하신 것이다.

필사를 완성하신 어머니께 나는 다음 목표는 무엇이냐고 물었다. 어머니는 망설임없이 대답했다.

"성경을 두 번 완독하는 거다."

나는 어머니의 도전정신에 감탄했다.

얼마 전에 어머니는 80세가 되셨다. 그때 성경을 다시 필사한다
고 하셔서 나는 속으로 다시 놀랐다. 끊임없이 도전하는 어머니의
열정, 신앙, 실천력이 존경스러웠다. 어머니는 감사를 생활화하는
분이시기도 하다. 어머니의 그러한 삶을 옆에서 지켜보면서 자랐
기에 내가 이렇게 정신적으로 성장해온 것이라 믿는다.

어머니는 방과 부엌에 감사의 글을 붙여놓고 생활하셨다. 아래
는 어머니가 벽에 붙여놓은 감사 표지이다.

"감사하는 것에 인색하지 않는 자는
축복의 열쇠를 손에 쥔 자이다."

하나님을 영화롭게 하는 감사

감사로 제사를 드리는 자가

나를 영화롭게 하나니

그의 행위를 옳게 하는 자에게

내가 하나님의 구원을 보이리라(시편 50:23)

"가장 겸손한 사람은

자신이 처한

현실에 대해 감사하는 사람이다."

필요한 양식을 주시는 하나님께 감사

　곧 헛된 것과 거짓말을 내게서 멀리 하옵시며

　나를 가난하게도 마옵시며 부하게도 마옵시며

　오직 필요한 양식으로 나를 먹이시옵소서(잠언 30:8)

다음은 냉장고에 붙여놓으신 어머니의 감사 표지이다.

일 년 열두 달 하나님께 감사한 일,

365가지를 담아 하나님께 드립니다.

매일 감사와 함께.

　아무것도 염려하지 말고

　다만 모든 일에 기도와 간구로, 너희 것을 구할 것을 감사함으로

　하나님께 아뢰라(빌립보서 4:6)

감사라는 단어는 세 살 먹은 어린이도 안다. 나도 감사라는 단어
를 머리로는 알고 있었다. 감사하는 마음이 좋은 생각이라는 것을
알고 있었다. 하지만 머리가 아닌 가슴으로 내려오기까지 많은 시

간이 걸렸다. 감사를 생활화하신 어머니가 계시지 않았다면 더 많은 시간이 걸렸을지도 모른다.

다시 한 번 어머니께 감사드린다.

"오늘 내가 이 자리에 있는 것은 하나님과 어머니 덕분입니다."

Chapter 4

불만 상어,
감사 고래

감사는 육신에 생기를 불어넣고,
불만은 뼈를 썩게 한다.

Thank
you!

상어를 보내고 고래를 맞이하라

인간의 마음에는 분노, 염려, 탐욕, 교만, 시기, 질투, 우울증, 두려움과 같은 부정적인 감정들이 있다. 이 감정들은 우리의 마음에 깊은 상처를 주는, 난폭한 상어와 같은 존재이다. 나쁜 감정들은 상어의 이빨을 드러내 '나'를 해친다. 평소 불만으로 가득한 사람들이 상어를 키우다가 주인 대접도 못 받고 다치고 만다.

많은 사람들이 '불만 상어'에 물리고 쫓기며 아까운 시간을 낭비하고 산다. 이 상어로 인해 불행한 삶을 살아간다. 그 상어를 쫓아내야 한다. 대신 고래를 맞이해야 한다. 행복의 상징, 풍요의 상징 고래. 그 고래의 이름은 '감사 고래'다. 마음의 바다에 감사 고래를 풀어놓자. 마음껏 자유롭게 헤엄치도록 두자. 그 고래가 우리의 마음을 해독시켜 줄 것이다.

고래가 제 발로 찾아오지 않으면 잡아야 한다. 마음의 바다에 그물을 넓게 쳐서 고래를 잡자. 그 그물은 감사 목록 적기, 매일 감사 표현하기 등이다. 특별히 감사 목록 적기를 권한다. 감사 일기를 쓰면 더 좋지만 여건이 안 되면 간단한 메모 수준이어도 좋다. 꾸준히 기록을 한다는 데 의미가 있다. 꾸준히 기록하다 보면 어느새 감사 고래가 유유히 마음의 바다를 누비고 있을 것이다.

불평 불만도 습관이다. 이 습관이 굳어지면 행복은 멀어진다. 불평하는 사람은 항상 불평을 하고 산다. 매사 불만을 쏟아낸다. 감사할 줄 모른다.

물론 행복하게 사는 사람도 불평 불만을 토로할 때가 있다. 사람이라면 누구나 다 그렇게 한다. 하지만 행복하게 사는 사람은 불평 불만을 곧 비워낼 줄 안다. 감사의 마음으로 그것을 밀어낼 줄 안다. 불평 불만이 성장의 밑거름이며 행복의 주춧돌이라는 것을 아는 것이다. 이를 모르는 사람은 실컷 불평 불만을 쏟아낸 뒤 그것으로 끝낸다. 승화시키지 못한다.

오래전에 예수님은 먼저 하나님을 사랑하고 네 이웃을 사랑하라고 했다. 나는 이 말씀을 다음과 같이 패러디한다.

"먼저 하나님께 감사하고 네 이웃에게 감사하라."

행복은 자신이 만드는 것이다. 완전무결한 행복은 없다. 흠을 인정하고 받아들이며 감사하라. 그래야만 행복을 만들어갈 수 있다. 항상 감사하고 쉬지 말고 감사하자. 다시 한 번 이런 말을 외치며 감사 훈련을 해보자.

"나는 건강하다."

"나는 부자다."

"나는 행복하다."

"나는 감사한 일만 생긴다."

"나는 불평 불만에 휘둘리지 않는다."

누구나 의식적이든 무의식적이든 불평을 하고 살아간다. 불평 불만의 습관이 어느 정도는 다 들어 있다. 불평 불만은 자기 자신을 힘들게 만들기도 하지만, 주위 사람들도 힘들게 만든다. 또한 인간관계에도 악영향을 미친다. 상대방에 대한 불평 불만은 좋았던 관계도 깨뜨린다. 상대방에 대한 불평 불만을 감사로 돌리자. 감사로 얻는 것이 많아진다는 것을 체험하게 될 것이다. 감사는 행복을 얻지만 불평은 불행을 얻는다. 어떤 것을 선택하느냐에 따라 우리의 삶이 달라진다.

감사하지 않을 때 불평 불만이 나오기 시작한다. 감사 습관이 들 때까지 의식적으로 감사를 생각하고 표현해야 한다. 감사는 불평 불만을 행복으로 바꾸는 힘이 있다.

분노라는 상어는 특히 조심해야 할 녀석이다. 그 상어는 무척 힘이 세고 잔인하다.

진노는 잔인하고 성냄은 사나우나(잠언 27:4)

이제는 너희가 이 모든 것, 즉 분노와 성냄과 악의와 하나님을 모독하는 것과 너희 입에서 나오는 추잡한 말을 벗어 버리라(골로새서 3:8)

성경은 분노가 잔인하며 추잡하다고 기록하고 있다. 분노는 자기 안에 머물 때도 문제이지만 밖으로 표출될 때 더 큰 문제이다. 분노는 상대를 다치게 하고 관계를 무너뜨리는 감정 표현이다.

화를 내면 운이 달아난다고들 말한다. 누구나 이를 알면서도 화를 낼 때가 있다. 분노는 존재 자체를 없애기는 불가능한, 인간의 본능적 감정이다. 그래서 더더욱 다스려야 한다. 충동적으로 마구 표출한다면 원만한 사회생활이 힘들어진다. 혼자 고립되고 만다.

강한 분노를 토로하고 싶을 때 이렇게 해보자. 다음 두 단계의 실천이 필요하다.

1단계 – 천천히 심호흡을 한다.
2단계 – 심호흡을 하면서 "감사합니다", "감사합니다", "감사합니다" 하고 세 번 말한다. 입 밖으로 꺼내기 어려운 상황이라면 속으로 말해도 괜찮다.

이 세상에서 제일 소중한 사람은 '나'이다. 화를 내면 자기 자신이 가장 먼저 다친다. 어쩌면 가장 크게 다칠 수도 있다. 화에는 엄청난 독이 들어 있다는 것을 알아야 한다.

행복해지기 위해서는 어떻게 하면 좋을까? 답은 간단하다. 화를 내지 말고 감사를 가지면 된다. 하지만 이 간단한 일을 막상 실행하기란 녹록치 않다. 세상은 늘 감사가 충만할 수 있게 내버려두지 않는다. 세상은 그렇게 호의적이지 않다. 오늘 감사한 일이 생기더라도 내일 화낼 일이 생길 수 있는 게 세상살이다. 그렇기에 지속적으로 감사를 실천하는 것이 중요하다. 꾸준히 감사를 생각하고, 기록하고, 표현하고, 행동하라.

분노는 어떤 형태로든 좋은 결과를 얻지 못한다. 적절한 보상도 없다. 분노는 육체에 병을 안긴다. 이미 과학적, 의학적으로 증명된 사례가 많다. 화는 우리의 발목을 잡는다. 쓸모없는 행동이다.

분노에 휘둘리지 않으려면 생각을 뒤집어야 한다. 생각 뒤집기 훈련은 사랑과 감사 외에는 없다. 진정 '나'를 위해서 사랑과 감사를 훈련해보자. 분노의 원천도 행복의 원천도 자기 자신임을 인정해야 한다. 행복의 원천을 외부에 두면 진정한 행복을 얻기 어렵다. 분노의 원천 또한 외부에만 있다고 생각하면 곤란하다. 그러면 변명과 남 탓만 늘게 된다. 무의미한 자기합리화에만 빠지게 된다. 당연히 행복과는 멀어진다.

분노의 원천을 자기에게 두면 오히려 분노를 지배할 수 있는 가능성도 높아진다. 치유의 의지를 가질 수 있기 때문이다. 자기 자신을 사랑한다면 치유하자. 분노에서 벗어나 행복의 울타리 안으로 들어가자. 감사하면 치유할 수 있다.

요즘 신종 상어가 활개를 치고 있다. 엄밀히 말해 신종은 아니지만 현대인들에게 더 두드러지고 있기에 신종처럼 느껴진다. 그 상어는 바로 우울증이다. 우울증은 그 결말이 대개 비극적이다. 자살이라는 충격적 결말로 끝나는 경우가 적지 않다. 우울은 자신이 외롭다고 느끼는 감정이다. 우울증에 시달려 자살을 선택하는 사람은 그 속을 깊이 들여다보면 외로움에서 벗어나고 싶은 경우가 많다. 죽음이 아니라, 외로움을 비롯한 여러 가지 고통으로부터 해방을 꿈꾸는 경우가 대부분이다. 바로 고통의 출구로 자살이라는 길을 선택하는 것이다. 그러나 몸을 없애면 고통의 근원도 사라지리라는 생각은 착각이다. 모든 문제는 의식 속에서 일어나므로 해결책도 의식 속에 있다.

인간은 사회적 동물이다. 우리는 사람들과의 관계 속에서 살아가는 존재이다. 이 관계가 원만하지 않으면 외로움에 젖고, 외로움이 짙어지면 우울증을 앓게 된다. 외로움만큼 사람의 마음을 갉아먹는 것은 없다. 외로움은 단절이고 소외이다. 단절과 소외는 건강한 삶을 만들 수 없다. 외로움은 몸과 마음에 병을 일으키는 원인이다. 앞서 말했지만 죽음도 불러온다. 그 죽음은 연령을 가리지 않는다. 학교 폭력에 시달려 스스로 목숨을 끊는 청소년, 직장 왕따를 못 이겨 극단적 선택을 하는 직장인들의 마음은 우울증으로 얼룩진 경우가 많다. 자살은 아니지만 노인들의 고독사도 우울증을 치료하면 막을 수 있는 죽음이다.

소외감으로 인한 우울증은 범죄로 이어지기도 한다. 우울증이 주는 스트레스를 범죄로 푸는 것이다. 범죄자들의 성장기를 들여다보면 어렸을 때 지나친 소외감을 겪은 경우가 많다. 수많은 심리학책에서 이와 같은 사례를 다루고 있다.

우울증이라는 상어는 정말 위험하고 무시무시하다. 우리 사회를 파괴시킬 만큼 강력하다. 대응책은 역시 감사다. 감사로 몰아내는 것이 최선이다.

의학 분야의 세계적 권위가 신야 히로미 박사는 젊고, 건강하고, 행복하게 살 수 있는 비결은 긍정적인 마음이라고 한다. 다양한 노화의 원인도, 늙지 않는 힘도 마음에서 나온다고 한다. 불평 불만, 스트레스, 시기, 질투, 분노, 슬픔 같은 부정적인 감정은 마음에 독이다. 마음에 좋은 것은 몸에도 좋고, 몸에 좋은 것은 마음에도 좋다는 것을 잊지 말아야 한다.

마음의 힘은 뿌리가 있다. 긍정적인 생각, 감사와 사랑이 바로 그것이다. 타인을 위해 기도하는 마음, 이해하는 마음, 배려하는 마음, 사랑하는 마음, 감사하는 마음이 있으면 마음의 힘이 발휘된다.

그 힘은 돌고 돌아 세상을 밝게 만든다. 상대방에게 진심으로 "당신을 만나 감사합니다"라고 말하라. 상대방도 당신과의 만남을 감사하게 여길 것이다. 그렇게 당신의 감사가 부메랑처럼 당신에게 돌아올 것이다.

사랑에 빠진 여자가 갈수록 예뻐지는 것은 마음의 힘 때문이라는 이야기도 있다. 누구나 예뻐질 수 있다. 예뻐지고 싶다면 마음을 활짝 열고 이렇게 말하자.

"감사합니다."
"사랑합니다."
"나는 당신을 만나 행복합니다."
"나는 당신을 만나 감사합니다."

많은 사람들이 걱정을 등에 짊어지고 산다. 걱정거리는 셀 수 없이 많다. 자녀, 부모, 돈, 직업, 질병, 일, 체중, 외모……. 대부분의 사람들은 아직 일어나지 않은 일들에 대해서 걱정하고, 그러느라 시간과 생각을 허비하고 산다. 걱정은 삶을 좀 먹는다. 심하면 삶을 파괴하기도 한다. 이것을 막는 방법은 감사다. 감사 고래를 키워서 걱정 상어를 없애고 삶을 파괴로부터 보호해야 한다.

걱정이 심하면 두려움으로 변한다. 두려움은 도전을 가로막는다. 삶의 의욕마저 꺾는다. 도전 없고 의욕 없는 삶은 무미건조하다. 걱정이 두려움으로 발전하기 전에 방지해야 한다. 가장 확실한 방지책은 감사다. 항상 감사하기를 실천하자. 바로 지금 이 순간에 감사 습관을 들이도록 노력하자. 감사가 몸에 배면 두려움 없이 세상에 맞설 수 있다. 행여 걱정과 두려움으로 삶이 피폐해졌다면 다음의 성경 말씀으로 위로를 전한다.

> 아무것도 염려하지 말고 다만 모든 일에 기도와 간구로 너희의 구하는 것들을 감사함으로 하나님께 알려지게 하라(빌립보서4:6)

걱정은 아무 쓸모없으니 감사하면서 기도하고 구하라는 뜻이다. 그러면 행복한 삶을 하나님에게 받을 수 있을 것이다.

마지막으로 불만 상어를 완전히 쫓아내기를 바라는 마음으로 두 개의 귀한 성경 말씀을 전한다.

> 너희는 그들 중 어떤 사람들이 불평한 것처럼 불평하지 말라. 그들은 그러다가 멸망시키는 자에게 멸망당하였느니라(고린도전서 10:10)

> 만일 어떤 사람이 누구에게 불평이 있으면 서로 용납하고, 서로 용서하기를 마치 그리스도께서 너희를 용서하신 것같이 너희도 그리하라(골로새서 3:13)

분노한 상어의 목적

성내는 사람은 다툼을 일으키고, 격노하는 사람은 죄과가 많으니라(잠 29:22)

우리는 삶을 살아가면서 분노하는 마음을 갖곤 한다. 그 분노를 다스리는 방법은 사람마다 다르다. 분노를 어떻게 다스리는가에 따라 삶의 행과 불행이 나누어진다. 뉴스를 보면 분노를 바르게 다스리지 못해서 불미스러운 일이 생겼다는 소식을 자주 접한다. 순간의 분노를 다스리지 못해 일어난 폭행사건, 살인사건이 우리를 충격에 빠뜨린다. 분노를 잘못 표출한 그 결과는 아마도 후회뿐일 것이다.

분노를 다스려야 하는 이유가 있다. 정신 및 육체적 건강에 안 좋을뿐더러 자칫 잘못하면 인생을 망친다. 그 비극을 맞기 전에 분노를 다스려야 한다. 처방은 감사다. 감사의 마음을 품고, 불평 불만을 감사의 계기로 만드는 노력이 필요하다. 감사의 마음을 가지면 생각도 확실히 긍정적으로 변한다. 긍정의 생각이 분노를 누그러뜨릴 수 있다.

"모든 고통과 아픔의 근원이 집착과 욕망에 있다."

싯다르타의 말이다. 이 말은 분노와도 연결된다고 생각한다. 누구나 집착과 욕망이 이루어지지 않을 때 분노가 치밀 수 있다. 그 분노는 결국 마음의 주인에게 고통을 안긴다. 종교를 떠나 싯다르타의 가르침을 깊이 새길 필요가 있다. 그리고 감사를 생각하자. 감사는 모든 고통과 아픔을 치유할 수 있다.

나그네 한 사람이 길을 걸어가는데 뒤에서 코끼리가 쫓아왔다. 나그네는 도망가다가 우물 속으로 들어갔다. 우물 속에 밧줄이 있어 내려가는데 우물 밑에 세 마리 독사가 있었다. 독사가 있어 아래로 내려가지도 못하고 올라가려니 밖에 코끼리가 있어 진퇴양난에 빠졌다. 그렇게 밧줄만 잡고 있는데 위에서 흰 쥐와 검은 쥐가 나타났다. 흰 쥐와 검은 쥐는 사이좋게 밧줄을 한 번씩 갉아먹었다. 얼마 못 가 흰 쥐와 검은 쥐에 의해 밧줄이 끊어질 것 같았다. 그 위기의 상황, 우물 위에 벌집이 보였다. 그 벌집 속에서 꿀이 떨어지고 있었다. 나그네는 그 떨어지는 꿀을 받아먹었다.

이 이야기는 사람의 인생살이를 비유한 것이다. 나그네는 인생이고 코끼리는 시간을 상징한다. 우물은 도피처이고 밧줄은 생명줄이다. 세 마리 독사는 '탐, 진, 치', 즉 탐욕과 분노와 어리석음의 독이다. 흰 쥐와 검은 쥐는 각각 낮과 밤을 뜻한다. 벌은 위험, 꿀은 향락이다. 인생은 죽음, 위험, 몸과 마음을 병들게 하는 세 가지 독을 가지고 있다. 그런데 사람은 그것을 잊은 채 달콤한 꿀과 같은 향락에 취해서만 산다. 그것이 보통 사람들의 삶이라는 것이 이야기의 메시지이다.

인생의 세 가지 독을 어떻게 떨쳐낼 것인가? 탐욕과 어리석음과 분노의 세 가지 독은 인간을 고통스럽게 하는 원흉이다. 떨쳐버리려고 노력해도 쉽게 떨어지지 않는다. 우리 마음속에 항상 자리 잡고 있다. 많은 사람들이 이 세 가지 독에 사로잡혀 살아가고 있다. 다른 사람보다 성공하고 싶은 마음, 부자가 되고 싶은 마음, 빨리 출세하고 싶은 마음에 사로잡혀 사랑과 나눔과 감사를 잊고 살아가고 있다. 뜻대로 잘되지 않으면 분노를 품고, 그 분노를 표출하며 자신과 타인 모두에게 상처를 안기고 있다.

이렇게 인생을 마감할 수는 없다. 한 번뿐인 인생을 부정적 생각에 휘둘리다 허비한다면 너무 억울하고 허탈하지 않겠는가. 사랑하고 감사하자. 탐욕과 분노와 어리석음이라는 독을 사랑과 감사로 해독하자. 그러면 인생을 마감하는 순간 후회하지 않을 것이다. 한평생 잘 살았다는 만족으로 마감할 수 있을 것이다.

스트레스는 부정적 생각에서 비롯된다. 스트레스가 지속되면 몸과 마음이 병 든다. 스트레스라는 상어는 상어답지 않게 조금씩 몸과 마음을 갉아먹는다. 한입에 확 집어삼키는 경우는 드물다. 어쩌면 그래서 더 무서울 수도 있다. 많은 사람들이 먹고사는 게 바쁘다는 이유로 스트레스를 그냥 참거나 무심히 넘긴다. 그러다 어느 순간 무기력해져서 삶의 의욕을 잃고 만다. 탁 쓰러지기도 한다. 갑자기 분노로 폭발시키기도 한다. 어떤 경우든 그 결과는 좋지 않다.

이 시간 '내' 안의 상어와 마주하자. 상어의 목적은 인간의 좌절이다. 상어에게 무릎 꿇을 수 없다. 상어를 사랑과 감사로 어루만지자. 그리고 놓아주자. 이것을 해내지 못하면 행복을 얻을 수 없다.

느리게 가면서 거인으로 우뚝 서기

〈토끼와 거북이〉이야기를 잘 알 것이다. 토끼와 거북이가 경주를 했는데 거북이가 이겼다. 토끼는 빠르고 거북이는 느린데 토끼가 졌다. 토끼는 한참 앞서가다가 중간에 게으름 피우는 바람에 거북이에게 승리를 빼앗기고 말았다.

우리의 삶은 단거리 경주가 아니고 마라톤처럼 길다. 그래서 우리는 거북이처럼 느리게 가야 한다. 물론 이야기 속 토끼처럼 게으름 부리지 않고 부지런한 토끼처럼 빠르게 가면 된다고 생각할 수도 있다. 그러나 빠르게만 가다 보면 그 속도에 매몰될 우려가 있다. 그렇게 되면 눈앞의 성과를 이루기에만 급급한 인생이 될 수도 있다. 끈기 있게 과정을 거치려 하지 않고 얼른 결과만 내려는 욕심에 삶을 그르칠 가능성이 커진다. 과정 없는 마라톤 완주는 불가능하다. 부지런히 가되 느리게 가려는 자세가 필요하다.

부지런하게 가면서 느리게 가기는 쉽지 않다. 인내가 요구된다.

인내를 단단히 다지려면 감사가 뒷받침되어야 한다. 목표를 향해 느릿느릿 갈 수 있다는 사실에 감사하자. 그런 여건이 허락된 것에 감사하자. 과정이 주어진 것에 감사하자. 감사하면 무엇이든 인내하며 기다릴 수 있다.

세상에는 우리에게서 감사를 빼앗아가려는 감사 약탈자가 있다. 바로 불평 불만이라는 약탈자이다. 이 약탈자에게서 감사를 빼앗기면 행복도 빼앗긴다. 이 불행한 일을 막으려면 감사 습관을 단단히 들이도록 마음 훈련을 해야 한다. 훈련법에 대해서는 앞 장들에서 몇 차례 언급했다. 감사의 프로 선수가 되겠다는 마음가짐으로 거북이처럼 꾸준히 훈련하자. 토끼처럼 훈련 중에 낮잠을 자버리면 곤란하다.

마시 시모프는 저서 《이유 없이 행복하라》에서 마음을 위한 행복 습관을 기술했다. 저자는 행복한 100인을 인터뷰하면서 삶이 어떤 일이 일어나든 상관없이 사랑을 이끌게 놔두는 능력은 이세 가지에 기초한다는 것이다.

1. 늘 감사하려고 노력하라

2. 용서를 실천하라

3. 자애를 펼쳐라.

많은 사람들이 감사를 식기나 테이블보처럼 필요한 경우에만 꺼낸다고 한다. 그런데 '이유 없이' 행복한 사람들은 일상생활에서 늘 감사를 꺼내둔다고 한다. 물론 감사를 일상화하는 일이 쉽지는 않다. 행복한 사람들도 그 경지에 오르기까지 수많은 시행착오를 겪었을 것이다. 거북이처럼 느리게 올랐을 것이다. 그러나 한 가지 사실만은 분명하다. 감사 없이 행복은 없다는 사실이다. 감사의 마음을 가지면 용서도 실천할 수 있고, 자애도 펼칠 수 있다. 감사는 사람을 너그럽고 인자한 사람으로 성장시킨다.

변화 심리학의 최고 권위자인 앤서니 라빈스는 세계에서 가장 뛰어난 인물 10인에 선정된 바 있다. 그는 천만 부 이상 팔린《거인의 힘 무한능력》과《네 안에 잠든 거인을 깨워라》의 저자이다. 그는 세계적 초우량기업들 및 CEO들, 유명 스포츠 선수들, 빌 클린턴 대통령과 조지 부시 대통령, 그 외 수많은 유명인들의 강력한 조언자이기도 하다. 앤서니 라빈스의 책과 그의 교육과정으로 인해 수많은 사람들이 내면적 성장을 이루었다고 한다. 많은 사람들이 거인으로 성장했다고 한다.

앤서니 라빈스는 거인이 될 수 있는 방법을 공개했다. 그 방법은 바로 감정을 바꾸는 것이다. 감정을 바꾸면 인생이 바뀐다고 한다. 몸과 마음에 유익하지 않은 것들을 선택하지 않는 감정을 배워야 한다고 한다. 성공하기를 원한다면 최상의 감정 상태에 있어야만 한다고 강조한다. 쉽게 말해 기분 좋아지는 방법을 찾는 것이다. 잠시 기분전환을 하면서 자신을 기분 좋게 하는 방법을 적어보자. 이후 계속해서 목록을 추가해보자. 즐거움을 위한 계획을 세우고 실천해보자. 날마다 즐거운 삶을 위한 계획을 세우고 긍정적 생각을 하는 패턴을 만들어보자. 감정이 한결 산뜻하게 바뀌고 삶도 화사하게 바뀔 것이다.

위대한 지도자와 사상가들은 말의 강력한 힘으로 사람들의 감정을 변화시켰다. 말의 힘으로 스스로를 변화시켜보자. 말은 감정을 유발시키는 일도, 행동을 유발시키는 일도 가능하다. 단어를 효과적으로 선택하기만 해도 활력을 줄 수 있다. 습관적으로 하는 말은 우리의 운명을 움직인다. 말의 표현 하나하나가 우리 삶에 영향을 미친다.

우리가 일상적으로 사용하는 단어는 제한되어 있다. 많은 사람들이 하루를 살면서 긍정적인 단어보다 부정적인 단어를 더 많이 사용한다. 삶을 바꾸고 운명을 개척하려면 자신이 사용하는 단어를 신중하게 선택해야 한다. 운명을 좋은 곳으로 이끌고 싶다면 의식을 높여주는 단어를 많이 사용하라.

평화, 사랑, 감사, 존경, 이해, 기쁨, 평안, 신뢰, 긍정

위의 단어들을 기억하고 많이 사용하라. 물론 이 외에도 긍정적 단어는 수없이 많다. 스스로 찾아보기 바란다.

앤서니 라빈스는 감정을 다스리려면 이렇게 하라고 말했다.

"모든 감정이 내게 도움이 된다는 것을 인식하고 감사하라."

얼핏 부정적 감정도 도움이 되니, 상관없다는 소리로 들린다. 하지만 그게 아니다. 부정적 감정이 육체와 정신에 나쁜 영향을 끼치는 것을 인식하고, 그것이 성장의 계기가 될 수 있다는 것에 감사하라는 뜻이다. 부정적인 감정을 그대로 흘려버리면 자신에게 전혀 도움이 되지 않는다.

오늘부터 바로 할 일이 있다. 감사 목록을 만드는 일이다. 행복하고 즐거운 삶을 위해 용기를 내서 실천해보자. 무엇이든 괜찮으니 적어라. 많이 적지 않아도 괜찮다. 중요한 것은 감사를 적고, 감사를 마음에 심는 일이다. 그것이 거인이 되기 위한 첫걸음이다.

좋은 것만 주고받기

인간관계가 좋으면 행복할 수 있다. 행복한 관계를 만들기 위해서는 인간의 속성을 알아야 한다. 인간은 기본적으로 욕구를 충족하기 위해 노력한다. 식욕, 수면욕, 성욕 등 육체적인 욕구들을 채워나가는 데 하루하루를 보내고 살아간다. 또한 마음의 욕구를 만족시키려고 애쓰기도 한다. 인정받고 싶은 욕구, 존중받고 싶은 욕구, 사랑받고 싶은 욕구 등을 채우는 데 삶을 바친다.

이들 내면의 욕구는 사람과의 관계 속에서 찾아 채울 수 있다. 그런데 그게 쉽지 않다. 인간관계는 처음에는 단단한 벽으로 이루어져 있고, 그 벽을 허무는 일이 선행되어야 하기 때문이다. 그래도 가능하다. 아무리 강력해 보이는 벽도 대화의 기술로 허물 수 있다. 진심으로 다가가면 없앨 수 있다. 진심 어린 대화는 행복한 인간관계를 만드는 데 기본이다. 이기심, 적대감, 분노 등이 담긴 대화는 인간관계를 망쳐버린다.

대화의 기술이다. 대부분의 사람들은 자신의 입장에서 대화를 한다. 자신의 주장을 내세우며 상대방을 납득시키려 한다. 그러다 보면 상대방에게 반발을 사기 십상이다. 혹시 상대방이 겉으로는 받아들이는 체할 수 있지만 속으로는 마음의 벽을 쌓는 경우가 많다.

대화는 상대방의 입장을 헤아리는 것에서부터 출발해야 한다. 자신이 원하는 것을 먼저 말하기보다는 상대방이 원하는 것을 먼저 말하게 하여 마음을 완화시키는 것이 중요하다. 그러면 상대방은 본인이 인정받고 있다고 느끼고 마음의 변화를 일으켜서 단단한 벽을 허물게 된다.

대화를 할 때 표현 방식에 신경을 써야 한다. 상대방을 인정하는 표현 방식인지 생각하고 표현하는 것이 좋다. 이것은 대화의 중요한 기술이다. 항상 인간은 인정받고 싶은 욕구가 바탕에 있다는 것을 잊지 말아야 한다.

상대방을 무시하는 표현은 관계를 악화시킨다. 무시하는 표현은 자칫 증오와 살인까지 불러온다. 내가 오래전에 들은 이야기가 있다. 화장실 변기를 수리하러 온 수리공에게 집주인인 사모님이 무시하는 말 한마디를 던졌다. 수리를 마치고 돌아갔던 수리공은 다시 그 집에 찾아가서 그 사모님을 칼로 수십 차례 찔렀다. 사모님은 사망했다. 무시하는 말 한마디가 불행을 몰고 온 것이다. 우리는 이와 비슷한 사건을 언론을 통해 많이 듣고 본다. 데이트 폭력, 묻지마 폭행, 보복 살인 등을 저지른 사람들은 무시당했다는 기분에 이런 범죄에 빠지는 경우가 많다.

　가족, 친구, 직장 동료, 그리고 부부까지. 아무리 가까운 관계라 해도 무시하는 대화는 금물이다. 어쩌면 친밀한 사이일수록 인정하는 대화가 더 중요할 수 있다. 그것이 친밀감을 더 단단히 하거나, 혹은 한순간에 깨뜨린다. 좋아하는 사람의 말 한마디는 기쁨도, 상처도 더 크게 만드는 법이다. 기억하자. 대화의 기술이 불행의 상어를 몰고 올 수도 있고, 행복의 고래를 몰고 올 수도 있다는 사실을.

　'내' 안에 두 마리 짐승이 있다는 것을 알아야 한다. 온순한 짐승과 사나운 짐승이 어우러져 살고 있다. 기왕 상어와 고래를 비유로 들었으니, 온순한 짐승은 고래, 사나운 짐승은 상어라고 하자. 한편 고래는 착한 마음, 상어는 나쁜 마음이라 표현할 수도 있다. 착한 고래는 더 풀어주고, 나쁜 상어는 더 통제해야 한다.

　우리는 사나운 상어들이 우글거리는 환경에서 하루하루를 살아가고 있다. 심하게 다그치는 직장 상사를 대할 수도 있고, 잔뜩 화가 난 고객을 마주 할 수도 있다. 버릇없이 행동하는 부하 직원과 동행할 수도 있다. 이들과 더불어 사는 삶을 피할 수 없다면 어쩔 수 없다. 고래가 유일한 해결책이라 해도 과언이 아니다. 먼저 '내' 안의 상어를 통제하고, 고래를 불러와야 한다. 그렇게 마음을 다스린 뒤 온순한 고래처럼 상대방을 대해야 한다. 현실적으로 이것이 힘들지만 습관화만 시킨다면 행복의 열매를 맛볼 수 있다. 그 열매는 거북이처럼 느리게 열리지만, 달고 탐스럽다.

상어를 들이대는 상대방에게 똑같이 상어로 맞서면 피차 다칠 확률이 높다. 그렇게 되면 행복은 멀어진다. 나 역시 그런 경험이 없지 않다. 상대방이 상어로 습격할 때 곧바로 상어를 꺼내 공격했었다. 당연히 결과는 좋지 않았다. 지금의 나는 그런 과오를 되풀이하지 않으려고 열심히 노력하고 있다. 부지런히 고래를 키우며 살고 있다.

어떤 스님이 들려준 이야기가 생각난다. 자기 통제의 최고봉이라고 할 수 있는 싯다르타의 이야기다. 어느 날 싯다르타는 제자들과 함께 동네에 시주를 받으러 나갔다. 그러다가 한 노인이 사는 집에 들어갔다. 그런데 그 노인은 입에 담을 수 없는 모욕적인 말을 싯다르타에게 퍼부었다. 싯다르타는 아무 말 없이 그 집을 나왔다. 함께 있던 제자 하나가 너무 분해서 스승에게 따지듯이 물었다.

"왜 노인에게 한마디 대꾸도 안 하셨습니까?"

부처인 싯다르타가 대답했다.

"손을 내밀어 보아라."

제자는 의아해하며 손을 내밀었다. 싯다르타는 아랑곳하지 않고 물었다.

"이 손이 누구 것이냐?"

"제 것입니다."

"그 노인의 모욕적인 말은 내 것이 아니니라. 그러므로 내가 그 것을 가지지 않으면 그뿐이니라."

나는 이 이야기를 듣고 싯다르타의 제자가 된 기분이 들었다. 어떠한 모욕적인 말도 내 마음에 가져오지 않으면 내 것이 아니고, 그것을 가져오면 내 것이 된다는 깨달음을 얻었다.

우리 모두는 훈련해야 한다. 나쁜 것은 가져오지 말고 좋은 것만 가져오자. 반대로 타인에게 나쁜 것은 주지 말고 좋은 것만 주자. 그가 좋은 것만 가져갈 수 있도록. 그렇게 한다면 세상은 밝고 행복해질 것이다.

보기 싫은 것도 보고,
듣기 싫은 것도 듣고

나는 오랫동안 착각 속에 빠져 살았다. 남의 이야기를 잘 듣는다고 생각했다. 대화를 잘한다고 생각했다. 하지만 어느 순간 다른 사람의 이야기를 귀담아 듣지 않는 나를 발견할 수 있었다. 사람에게는 보고 싶은 것만 보고 듣고 싶은 것만 들으려는 성향이 있다. 나는 그런 성향이 없는 줄 알았는데, 아니었다.

삶의 질을 향상시킨다는 한 교육센터에 간 적 있었다. 그곳에서 질문을 하면서 답을 찾아가는 시간이 있었다. 그때 진행자가 이렇게 말했다.

"저희가 전체 교육을 진행하는 하나의 시스템이 있습니다. 그것은 '잘 듣고 합니다', '잘 보고 합니다', '처음부터 끝까지 다 듣고 합니다', '소리 내어 알립니다'입니다."

교육센터에서 그런 교육 시스템을 만든 이유가 있었다. 대부분의 사람들이 질문한 것을 잘 듣지 않고 답하고, 끝까지 다 듣지 않고 질문하기 때문이었다. 일상생활 속 나의 모습이었다. 삶의 현장에서 나는 얼마나 많은 이런 잘못을 범해왔는지 깨달을 수 있었다. 직원과의 관계에서, 고객과의 관계에서, 거래처와의 관계에서 잘 듣지 않고 답을 주는 경우가 많았다. 내가 가지고 있는 단편적인 생각을 가지고 결론을 내리는 경우가 많았다.

잘 듣지 않으면 상황을 제대로 인식하지 못할 수 있다. 잘못 인식하면 당연히 잘못된 판단을 내릴 확률이 높아진다. 판단할 때 선입견이 끼어들 위험도 있다. 선입견은 정확한 결과를 내는 일을 방해한다. 깊은 함정에 빠뜨릴 수 있다. 일례로 우리는 연예인을 보고 선입견에 의지해 그 연예인을 판단하고는 한다. 인상이 무서워 악역으로만 나오는 사람은 실제로 악할 것이라 생각하고, 잘생긴 주인공은 실제로 착한 사람이라고 생각한다. 하지만 연예 관련 뉴스에서 그 선입견이 틀렸다는 것을 깨우쳐 주는 소식을 심심찮게 접한다. 그래서 배신감에 젖고 충격에 빠지곤 한다. 열혈팬이었던 사람의 경우는 충격에서 헤어나지 못해 일상마저 흔들리고 만다.

또한 사기꾼에게 사기 당하는 경우를 생각해보자. 사기는 명확한 사실을 못 본 채 자신이 보고 싶은 것만 보다가 당하는 참사이다. 끝까지 보고, 끝까지 듣고, 보기 싫고 듣기 싫은 것도 꼼꼼히 헤아려 판단해야 한다.

최소한 10년은 감사 수행을 해야 어느 정도 경지에 오를 수 있다. 10년, 만만치 않은 시간이다. 하지만 일생을 생각해보면 어렵지만 투자할 만한 시간이다.

삶에서 순간순간 부딪히는 사건 속에서 평정심을 갖는 것조차 쉽지 않다. 그런데 감사까지 하는 게 어디 쉽겠는가. 하지만 불가능한 일은 아니다. 수행의 끝은 달콤하다. 수행을 시작하려면 가능한 한 어린 나이에 시작하는 것이 좋다. '마음밭'이 백지에 가까울수록 쉽게 받아들이고 빨리 습득할 수 있기 때문이다. 나이가 많을수록 사실 부정한 마음이 가득 차 있을 가망이 높다. 그래서 깨끗해지는 데 더 많은 노력과 시간이 필요하다 이것은 나의 경험에서 나온 이야기이다.

나는 세계적인 부호들, 세계적인 자기계발 대가들의 저서들을 30년 가까이 보았다. 이미 검증되고 입증된 사람들의 책을 보면서 수많은 문장을 머릿속에 담았다. 그 결과 성공학의 핵심 키워드가 '감사'라는 결론을 내렸다. 감사는 단연 일순위이다. 그다음 순위로는 목표설정, 시간관리, 습관의 힘 등이 있다. 감사하면 보기 싫은 것도 감사하게 받아들인다. 듣기 싫은 것도 감사하게 여기고 발전의 계기로 삼는다.

가난한 사람들, 불행한 사람들, 자신이 실패자라고 여기는 사람들에게는 감사한 마음이 없다. 나는 이런 사람들에게 성공학의 핵심이 감사라고 말한 적이 있었다. 그때 그들은 그냥 웃거나, 안다고 하면서 대화를 마무리했다. 내 말이 '듣기 싫은' 것이 분명했다. 지금껏 살아오면서 자신이 학습한 것을 맹신하기에 그런 반응이 나온 것이라 생각한다. 그런데 의외로(어쩌면 의외가 아닐 수도 있지만) 이런 사람들이 많다. 그래서 부자는 소수인 것일까? 행복하다고 생각하는 사람이 많지 않은 것일까?

또 한 가지 성공학은 '절제'이다. 잠에 대한 절제, 음식에 대한 절제, 마음에 대한 절제가 요구된다. 비만한 사람이 성공하는 경우는 드물다. 비만은 체질의 문제이기도 하지만 절제의 실패가 원인인 경우도 많다. 성공한 사람 중에 수시로 화를 내는 사람이 있는가? 없지는 않겠지만 드물 것이다. 그리고 그런 사람들의 성공은 일시적인 현상일 가능성이 높다. 성공의 요소인 인간관계가 부실하기 때문이다. 분노는 인간관계를 깨뜨리고 성공도 무너뜨린다. 분노를 다스리는 것은 마음의 절제에 해당한다. 성공하고 싶다면 꼭 새겨두기 바란다.

잠에 대한 절제도 중요하다. "일찍 일어나는 새가 벌레를 잡는다"라는 옛말이 있다. 일찍 일어나야 성공자의 운명을 가질 수 있다. 늦게 일어나면 일찍 일어나는 사람보다 더 많이 뛰고 더 빨리 뛰어야 한다. 하지만 늦게 일어나는 사람 중에 그런 사람이 얼마나 될지는 모르겠다.

결국 생각이 운명을 결정한다. 설사 몹쓸 병에 걸렸다 할지라도 생각으로 운명을 바꿀 수 있다. 의식을 높이는 생각을 지속적으로 하면 건강한 몸과 마음을 가질 수 있다. 그 가능성을 믿고 생각을 바꾸자. 당장 건강을 되찾지는 못하더라도 삶이 한결 즐거워질 것이다.

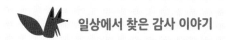

3P바인더 동료마스터의 출산에 대한 감사

독서모임 회원이신 분의 이야기이다. 출산에 임박한 상황을 기록했을 뿐이다. 그러나 출산의 고통이 몰려온 상황에 기록한 거라 진행과정만 기록한 것이지만 곳곳에 감사를 표현하고 있다. 생명을 잉태한 상태에서는 태교하면서 감사할 수 있지만 말이다. 감사의 생활화를 볼 수 있다.

기쁨이 출산일기

- 10월 19일 (출산 전 날)
- · 결희가 밤에 유난히 뒤척이며 깨어 엄마를 찾음
- · 나도 평소보다 피곤해서 일찍 잠에 듦에 감사

- 10월 20일(출산 당일, 예정일 사흘 전!)
- · 근래 아침 9시까지 자던 결희가 밤새 푹 못 자더니 7시 반에

  기상

· 나는 새벽 3시 반에 깨서 잠이 안 와 뒹굴거렸음

· 남편 출근까지는 똑같은 일상, 그러나 감사

· 8시 반쯤부터 어? 살살 배에 수축이 잡힘.

  처음엔 대변이 마려운 줄 알고 화장실에 들어갔는데,

  진통은 심해지고 결희는 갑자기 울면서 나오라고 난리.

  평소엔 안 그랬는데 문 앞에서 진짜 펑펑 울었음.

· 9시부터 규칙적인 진통 시작, 갑자기 감사함이 올라옴

· 엄마가 아파하는 모습을 본 결희가 엄마를 위로함. 결희의 마음이 고마워서 감사

결희: "엄마 아파? 갠차나? 겨이가 안아줄까?"

나: "오늘 기쁨이가 나오려고 하나 봐.

기쁨이가 엄마 배에서 나올 연습을 하느라 조금 힘이 드는 거야.

원래 만나는 연습을 할 땐 아야 하기도 해. 결히가 엄마 안아준

다고 해서 고마워. 엄마가 아야 하면 결희가 엄마 손 잡고 하나,

둘, 셋, 넷, 다섯 하면서 같이 숫자 세줄래? 그럼 엄마랑 기쁨이

가 연습이 잘 돼서 안 아플 것 같아. 동생이 태어나니 감사하자."

결희: "일곱, 여덟, 다섯, 하나!(좋아하는 숫자 그냥 부름ㅋㅋ)

  엄마! 괜차나져떠?"

나: '너무너무 사랑스러운 결희 ♡ㅋㅋ.'

- 출근한 남편 다시 소환. 40분 거리를 25분 만에 달려온 슈퍼맨이 결희를 어린이집에 등원시킴. 감사

- 진통 간격이 5분 미만으로 줄어들어 급한 준비물만 챙겨 병원으로 출발

- 병원 주차장에서 병원까지 천릿길 같았음ㅠㅠ. 아래로 힘주기가 저절로 시작됨

- 결희 자연주의 출산 때 배운 호흡법으로 진통을 견뎠는데, 교육 때 자료영상으로 본 산모의 편안한 출산 장면을 이미지로 떠올리며 나도 잘할 수 있다고 셀프 최면. 감사하고 또 감사.ㅎ

- 내원해보니 이미 출산 70%진행. 이 말 듣고 진짜 행복ㅋㅋ. 수중분만 예약해뒀으나 욕조에 물을 다 받기 전에 나올 것 같다 하여 일반 출산방에서 진행. 힘 몇 번 주면 출산할 것 같으니 원장님 올 때까지 조금만 참으라고도 함. 감사 감사.ㅎㅎ

- 갑자기 커진 진통에 신음이 절로 터졌으나 벌써 아기 머리가 나왔다고 해서 정신 차림

- 정신차리자마자 3.8킬로그램의 기쁨이 출산! 탄생 시간 11시 47분! 감사 감사 무한 감사!!

- 간단한 처치 후 아빠가 기쁨이를 맨살로 30분간 캥거루케어를 해줌. 듬직한 아빠의 모습. 감사!

- 기도한 대로 평일에, 결희 어린이집에 있을 때, 진통시간 짧게 기쁨이를 만남. 감사.♡

· 진통부터 실제 출산까지 약 3시간밖에 안 걸림(결희 낳을 때는 아침부터 진통 와서 다음 날 새벽 1시 23분 출산). 감사

· 기쁨이는 병원에 들어와서 30분 만에…… 이보다 더 베스트는 없었다 싶을 만큼 정말정말 감사한 출산기♡ 잊지 않기 위해 밴드에 올림ㅋㅋ

· 이로써 우리 집 겸댕이는 둘이 되었다. 감사 감사 ♡♡

· 어린이집 마치고 엄마를 만나러 병원에 온 결희는 오늘도 쫑알쫑알♡ 병원 방침상 결희가 기쁨이를 직접 볼 순 없었지만 사진과 동영상을 보면서 신기해 함ㅎ

· 기쁨이는 태어나자마자 통통한 볼을 자랑하며 쪽쪽 젖도 잘 먹음ㅋ

Chapter 5

감사로 완성하는
자기계발

그럼에도 불구하고

감사하라

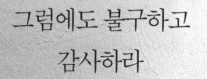

닥치고 감사하라

성공학의 대가 나폴레온 힐은 말했다.

"성공을 꿈꾼다면 생각하는 즉시 행동하라."

나폴레온 힐은 성공한 사람 1만 명을 상대로 조사한 결과 이렇게 자신 있게 말할 수 있었다. 생각하는 즉시 행동하는 것은 성공자들의 절대 불변의 행동 법칙이었다.

또 다른 성공학의 대가 브라이언 트레이시는 말했다.

"닥치고 그냥 하라."

무슨 일을 하고 싶을 때 생각만 하며 주저앉아 있지 말고 바로 착수하라는 말이다. 행동의 중요성을 알리는 가르침이다.

성경에는 행함이 없는 믿음은 죽은 믿음이라고 했다. 성공을 꿈꾼다면 명확한 목표를 세우고 구체적인 계획을 세워서 매일 한 가지씩이라도 행동해야 한다. 무언가 이루기 위해서는 행동하는 습관을 만들어야 한다. 옛말에 구슬이 서 말이라도 꿰어야 보배라고 하지 않았는가.

하루의 삶을 점검해보자. 우선 행동하는 습관이 있는지 점검해보자. 성공자들에게는 하나같이 행동하는 습관이 있었다. 일과 현상을 긍정적으로 보려는 습관이 있는지 또한 점검해보자. 없다면 습관을 들여야 한다. '긍정적인 자세로 행동하는 습관'이다. 성공하는 데 이것만큼 효과적인 습관은 없다.

긍정적인 자세, 즉 긍정적인 마음을 가지려면 감사의 마음을 가져야 한다. 감사를 표현하는 습관을 먼저 들여야 한다. 신에게 받은 축복에 감사하고 더불어 사는 이웃에게 감사하는 것이 성공의 선행 조건이다. 감사하는 마음으로 뜻한 바를 행동에 옮기자. 즉시 행동에 옮기자.

어떤 사람들은 누군가에게 돈을 받아도 감사의 마음을 잊어버린다. 하지만 성공한 사람들은 돈을 내고도 감사의 마음을 간직한다. 성공한 사람들은 동네 편의점 종업원에게 거스름돈을 받을 때조차도 "감사합니다"라고 말한다. 감사가 습관이 되어 있기 때문이다. 그들은 대접을 받으면 반드시 감사의 글이나 말로 감사를 표현한다. 이런 표현은 상대방을 기분 좋게 한다. 상대방의 호의를 산다. 그 호의는 자신의 성공에 좋은 영향을 미친다.

미국의 세계적인 자기계발 강연자인 존 디마티니 박사는 일곱 살 때 쓰기와 읽기는 물론 의사소통까지도 어렵다는 학습장애 판정을 받았다. 그는 학교와 사회에 적응을 못했지만 자신의 삶을 바꿔 보겠다며 다양한 학문을 연구했다. 피나는 노력 끝에 '디마티니 메소드'라는 자기계발 방법을 개발하여 박사 학위를 받았다. 존 디마티니 박사의 삶의 방식은 매순간 감사하는 마음을 가지면서 사는 것이다. 그는 만약 24시간 후에 죽는다면 자신의 삶에 가장 큰 도움을 준 사람들에게 "고마워", "사랑해"라고 이야기하겠다고 했다.

존 디마티니 박사는 34년이라 긴 세월 동안 매일 감사 일기를 썼다. 하루를 시작하는 순간부터 잠자리에 들기 전까지 감사함을 잊지 않고 사는 것이 행복하다고 말했다. 당신도 감사 일기를 쓰기 바란다. '쓰기'는 많은 기적을 만든다. 감사 일기도 그러하다. 어린 시절 학습장애 판정을 받은 존 디마티니가 박사가 된 것도 감사 일기의 기적일 수 있다. 감사 일기는 삶을 변화시키는, 가장 확실한 도구이다. 그러므로 꾸준히 감사 일기를 써보자. 그러면 당신의 삶에 기적이 일어날 것이다.

존 디마티니의 사례에서도 역시 사랑과 감사는 성공의 열쇠라는 것을 보여준다. 성공의 열쇠가 될 수 있는 이유는 아마도 사랑과 감사가 인간의 본성이기 때문일 것이다. 인간은 본성대로 사랑과 감사를 받기 원한다. 따라서 그것이 채워지면 행복감으로 가득 찬다.

이제 감사 일기 쓰는 법을 간단히 살펴보자. 어렵지 않다. 길게 쓸 필요도 없다. 자기 자신에게 다음과 같은 질문을 던지며 감사 일기를 쓰면 효과적이다.

"오늘 가장 고마운 사람은 누구인가?"

"오늘 가장 의욕을 준 일은 무엇인가?"

"오늘 만난 사람들 중 가장 힘을 준 사람은 누구인가?"

"오늘 영성에 관한 견해를 넓혀준 것은 무엇인가?"

"오늘 무엇이 나를 포용적으로 만들어주었는가?"

말은 사람을 살리기도 하고 죽이기도 한다. "감사합니다"라는 말은 사람을 살리는 말이다. 이 말에는 몸과 마음에 있는 부정적인 에너지를 긍정적인 에너지로 바꾸어주는 힘이 있다. "감사합니다"라고 말하자. 모든 것이 부정에서 긍정으로 바뀐다. 그렇기 때문에 나는 절대로 불평하지 않으려고 노력한다. 안 좋은 상황이 닥치더라도 감사의 표현을 하려고 노력한다. 그리고 상대가 원하는 것을 먼저 해주려고 노력한다. 주는 기쁨이 가장 크다. 그 기쁨을 맛볼 수 있는 것도 감사한 일이다.

"나는 운이 좋다"라고 말해 버릇하면 진짜로 운이 좋아진다고들 말한다. 이는 언어를 바꾸면 삶의 패턴도 바뀐다는 것을 보여준다. 이를 믿고 "나는 운이 좋은 사람입니다. 감사합니다"라고 말해보자. 아침에 일어나서, 식사하기 전에, 길을 걸을 때도, 자기 전에도 같은 말을 되풀이해보자. 정말로 삶에 운이 스며들어온다. 그 기적을 직접 체험하기 바란다.

말에는 강력한 에너지가 있다. 그래서 조심할 필요가 있다. 무심

코 하는 말이 비수가 되어 상대의 마음을 깊이 찌를 수 있다. 자칫 복수심까지 불타오르게 만들 수도 있다. 말 한마디에 오랫동안 잘 가꿔온 관계가 엉망이 되는 경우도 적지 않다. 그래서 평소에 말하는 습관을 잘 훈련해야 된다. 그 훈련에 임하는 기본 마음가짐은 감사이다. 이것은 절대 부정할 수 없는 사실이다.

감사 훈련을 시작하려는 당신에게 도움을 주기 위해 내 나름의 감사 원칙 10가지를 제시한다.

1. 감사할 일이 생겼을 때 즉시 감사 표현을 한다.

2. 구체적으로 감사 표현을 한다.

3. 가능한 한 공개적으로 감사 표현을 한다.

4. 결과보다 과정에 감사한다.

5. 사랑하는 마음을 담아 감사 표현을 한다.

6. 진심으로 감사 표현을 한다.

7. 감사한 일이 없다고 생각될 때 감사한 마음을 갖는다

   (그러면 감사한 일이 보인다).

8. 일이 잘 풀리지 않을 때 더욱더 감사한 마음을 갖는다.

9. 잘못된 일이 생기면 감사한 마음으로 빨리 돌린다.

10. 자기 자신에게 자주 감사 표현을 한다.

감사를 쓰고 감사를 주자

고대 이집트인들에게는 오래된 믿음이 있다. 그들은 "기록하는 것은 현실로 이루어진다"는 말을 진리의 토대로 믿고 있다.

유명한 영화배우 짐 캐리는 무명 시절 한 가지 '기록'을 늘 몸에 지니고 다녔다. 출연료 1,000만 달러를 지급받는다는 내용이었다. 짐 캐리 스스로 쓴 기록이었다. 5년 후 이 기록은 현실이 되었다. 짐 캐리가 출연료 1,700만 달러를 받는 일류 배우로 우뚝 선 것이다. 그는 자신의 기록보다 700만 달러나 더 받아내는 '기록'을 세웠다. 짐 캐리가 고대 이집트인들의 믿음을 알고, 또 믿고 있었는지는 모르겠다. 어쨌든 그가 기록의 힘, 즉 '쓰기'의 힘을 믿고 있었던 것만은 분명해 보인다.

기록한 대로 이루어진다. 기록한 대로 믿고 이미 받은 것처럼 감사의 표현까지 한다면 완벽하게 이루어질 것이다. 꿈을 기록하자. 10개의 꿈 리스트를 만들어보자. 자기 자신이 간절히 이루고 싶은 꿈들을 적고, 그 꿈들을 꿈꿀 수 있음에 감사하자. 이미 이루어진 것처럼 감사하자. 이것은 수많은 성공자들과 성공학의 대가들이 검증하고 입증한 방법이다. 성공한 사람들은 바로 이 기록의 힘을 알고 실천한 사람들이다.

꿈 리스트를 작은 메모지나 수첩에 메모해서 늘 가지고 다니면서 수시로 들여다보자. 그리고 이룰 수 있다고 다짐하자. 이미 이루어진 것처럼 감사하자. 인간의 생각은 늘 틈만 나면 달아난다. 생각을 지속적으로 환기할 필요가 있다. 기록하고, 그 기록을 수시로 들여다보는 것만큼 좋은 방법은 없다. 꿈이 있다면 반드시 이를 실천하라.

후지모토 사키코가 쓴 《돈의 신에게 사랑받는 3줄의 마법》에서도 기록의 힘을 말한다. 저자는 아직 이루어지지 않은 일도 마치 일어난 일처럼 미리 감사하고 기록하면 반드시 이루어진다고 말한다. 많은 사람들이 말하듯이 기록의 힘은 모든 일이 성취되는 비결이다. 머릿속의 생각과 마음을 정리 정돈하여 노트에 쓰자. 그 노트가 우주의 힘을 끌어올 것이다.

감사 메모를 공유하는 것도 좋은 방법이다. 격려와 칭찬을 받아 동기부여가 될 수 있다. 감사 메모를 공유하는 것은 감사를 나누는 것이다. 주는 것이다. "받으려고 하는 자는 받지 못하고, 주려고 하는 자는 받게 된다"라는 말이 있다. 이 메시지를 감사에 적용하라.

감사를 받고 싶다면 먼저 주는 것이다. 그러면 감사를 받게 될 것이다. 주는 만큼, 어쩌면 그 이상으로 돌아올 수도 있다. 가족, 친구, 직장 동료, 이웃 등 가까운 사람에게 먼저 감사를 주자. 듬뿍 주자.

어쨌든 가장 기본적으로 해야 할 일은 '쓰는 것'이다. 일단 쓰자. 최소한 삶이 즐거워진다. 나는 살아가면서 허무한 감정을 자주 느끼곤 했는데, 감사 메모를 쓰면서 그런 감정에서 벗어났다. 매순간 감사하기로 결심하고 수시로 감사메모를 했더니 삶이 즐거워졌다. 어떤 난관도 이겨낼 수 있다는 용기가 생겼다.

내 주변에도 비슷한 체험을 한 사람들이 꽤 있다. 감사 일기나 감사 메모를 1년 정도 꾸준히 썼더니 좋은 일들이 가득 생겼다고 하는 이들이 많다. 그들은 감사 일기나 감사 메모를 쓴 1년이라는 시간이 살면서 가장 행복했던 때라고 말했다. 본인이 쓴 감사 기록을 실천하니 불평 불만이 서서히 사라지고, 작은 것에도 감사하는 마음이 생겼다고 했다. 이처럼 감사 쓰기의 힘은 실제로 존재한다. 허위가 아니다. 참고로 위대한 발명왕 에디슨이 성공할 수 있었던 바탕도 감사였다. 그는 늘 감사하며 살았던 과학자였다.

부처 싯다르타는 "현재 나는 생각의 소산"이라고 말했다. 이 말을 빌리면, 얼마나 감사하며 살았느냐의 여부가 현재의 '나'를 만든다. 감사하는 마음은 좋은 것을 끌어당긴다. 항상 좋은 것을 생각하고, 감사를 표현하고, 기록하자. 또 기록하자.

코로나 19로 온 나라가 휘청거렸고, 지금도 위태로운 모습을 보이고 있다. 대부분 자영업자들의 매출이 반토막이 났고, 그나마 반토막도 안 돼 폐업을 선택해야만 했던 자영업자들도 적지 않았다. 직장인들 역시 급여가 줄거나 회사를 떠나야만 하는 상황에 처해야만 했다. 정말 모두에게 힘든 시기이다. 감사하며 살기 힘든 시기이다.

그런 시기에 나는 감사를 떠올렸다. 감사에 대한 책을 쓰고자 마음먹었다. 나라고 해서 코로나가 주는 두려움이 전혀 없었던 것은 아니었다. 다른 사람들처럼 경제적 타격에 대해 불안함을 느꼈다. 그럼에도 불구하고 감사를 생각했다. 코로나를 통해 스스로를 되돌아보게 된 것에, 이 위기 뒤에 행복이 있을 것에 감사했다. 그러자 두려움과 불안함이 가라앉았다. 실제로 원고 쓰기에 들어가면서부터는 감사와 희망이 두려움과 불안함의 자리를 가득 메웠다. 정말 '쓰기'의 힘을 실감했다.

행복해지고 싶어서, 누구나 나처럼 책을 쓸 필요는 없다. 감사 일기, 감사 메모면 충분하다. 다만 무엇을 쓰든 꾸준함이 요구된다. 근육이 하루아침에 생기는 것이 아니듯 감사 근육도 단련이 필요하다. 쓰기의 힘과 감사의 힘을 믿고 지금부터 시작하자.

미국의 유명한 방송인 오프라 윈프리도 감사 일기를 썼다. 오프라 윈프리는 아래와 같은 7가지 원칙으로 감사 일기를 썼다. 이 원칙을 자신에게 적용하기 바란다.

1. 한 줄이라도 좋으니 매일 써라.

2. 주변의 모든 일에 감사하라.

3. 무엇이 왜 감사한지를 구체적으로 작성하라.

4. 긍정문으로 써라.

5. ' 때문에'가 아니라 '덕분에'로 써라.

6. 현재 시제로 작성하라

7. 모든 문장은 '감사합니다'로 마무리하라.

이 7가지 원칙만 잘 적용해도 좋은 감사 일기가 지속될 수 있다.

감사를 쓰면 벌어지는 일

나는 감사 일기를 생각하면 대표적으로 떠오르는 사람이 있다. 바로 오프라 윈프리이다. 사생아로 태어난 오프라 윈프리는 할머니 손에 자랐다. 그러다 삼촌에게 성폭행을 당해 열네 살 때 미혼모가 되었다. 기구한 삶을 살았던 그녀가 위기를 탈출할 수 있었던 힘은 바로 감사 일기라고 한다. 그녀는 10년 동안 빼먹지 않고 감사 일기를 썼다고 한다.

오프라 윈프리의 소소한 감사 일기를 몇 가지 소개한다.

1. 오늘도 침대에서 거뜬하게 일어날 수 있어서 감사합니다.

2. 오늘도 맑고 푸른 하늘을 보여주셔서 감사합니다.

3. 맛있는 토스트를 먹을 수 있어서 감사합니다.

4. 얄미운 짓을 한 동료에게 화내지 않을 수 있어서 감사합니다.

5 좋은 책을 읽을 수 있어서 감사합니다.

오프라 윈프리는 인생역전을 가능하게 만든 감사 일기를 어떻게 썼는지도 알려주었다. 그녀는 낮이나 밤이나 언제든지 감사 일기를 쓸 수 있도록 예쁜 노트 한 권을 늘 가지고 다녔다고 한다. 소박한 일들도 조금이라도 감사가 느껴지면 시간을 내서 조용히 기록했다고 한다.

감사 일기를 쓰면 마음이 긍정적으로 변하고 육체적으로도 건강해지는 경우가 많다. 분노가 줄어들고 좋은 호르몬이 나오면서 몸도 마음도 건강해지는 것이다. 나는 감사 일기가 꼭 감사한 일이 있어서 쓰는 게 아니라 감사해야 할 일들을 찾아가면서 쓰는 것이라 생각한다. 그게 진짜 감사 일기일 것이다. 너무 잘 쓰려고 할 필요 없다. 그냥 한 줄이어도 무방하다. 한 줄이라도 꾸준히 쓰다 보면 감사할 일이 더 많이 생기게 된다.《아주 작은 반복의 힘》이란 책에는 헬스장에 가기 전에 팔굽혀펴기 한 번으로 시작하라는 내용이 있다. 전적으로 공감 가는 내용이다. 나는 그것을 적용해서 운동의 습관을 만들었고, 지금까지 운동을 실천하고 있다.

감사 일기 습관 또한 마찬가지다. 먼저 한 줄 감사로 시작해보자. 삶의 힘든 부분, 결핍을 느끼는 부분도 감사 일기에 추가해보자. 왜 감사한지 생각해보면, 감사할 일이 떠오를 것이다. 그렇게 한 줄씩 꾸준히 쓰면 운동으로 몸의 근육이 늘어나듯이 감사 근육이 늘어난다. 아침이든 저녁이든 상관없이 본인이 시간을 정해놓고 쓰면 좋다. 나는 밤에 잠들기 전에 한 줄 감사 일기를 쓴다. 잠자리에 들기 전에 감사 일기를 쓰는 것은 수많은 성공자들의 공통적인 특징이다. 당신도 이 대열에 합류해야 하지 않겠는가.

이제 감사 일기를 쓰기로 마음먹었는가. 그런데 무엇을 써야 할지 모르겠는가. 감사가 떠오르지 않을 때는 아래 7가지 참고 사항의 도움을 받기 바란다.

1. 과거, 현재, 미래에 감사한 일 찾기
2. 불평 불만이 있음에도 불구하고 감사한 일 찾기
3. 나 자신뿐만 아니라 이웃과 사회 그리고 국가적으로 감사한 일 찾기
4. 다른 사람과 비교하여 시기 질투하는 마음 없이 감사한 일 찾기
5. 남에게 주고받은 것 찾기
6. 부모, 형제에게 감사한 일 찾기
7. 직장 동료에게 감사한 일 찾기

《생각의 비밀》을 지은 김승호 저자는 소원을 이루는 방법으로 '매일 100번씩 100일 쓰기'를 제안했다. 3개의 소원을 3번씩 100일 쓰는 것도 있고, 하루에 원하는 것 10개를 매일 쓰는 것도 있다. 어느 방법을 선택해도 좋다. 중요한 것은 습관화해서 자신의 머릿속에 각인시키는 것이다. 각인시켜서 이루어진다고 믿는 것이다.

간절함은 원하는 것을 이루어낼 수 있다.

소원으로 감사 일기를 써도 괜찮다. 지금까지 글을 써내려오면서 나는 "원하는 바가 이미 이루어진 것처럼 감사하라"는 말을 누누이 했다. 감사는 소원도 이루게 한다. 그것이 감사의 어마어마한 힘이다.

미국의 한 대법원 판사는 변호사로 전업해 사무실을 운영하다 망하고 말았다. 그리고 결혼생활 파경, 텅 빈 은행계좌, 아들과의 갈등 같은 문제들이 이어졌다. 그는 외로움과 우울증에 빠져버렸다. 그렇게 실패자의 삶을 살던 어느 날, 어렸을 때 할아버지께서 들려주신 말씀이 문득 떠올랐다.

"네가 가지고 있는 것들에 감사하는 법을 배울 때까지 네가 원하는 것을 얻지 못할 거란다."

삶의 끝이라고 느꼈던 그 순간 그는 반짝이는 빛을 발견했다. 자신에게 감사가 부족했다는 것을 깨달았다. 그는 감사가 답이라는 생각을 하며 감사 편지 프로젝트를 시작했다.

첫 번째로 그는 큰아들에게 감사 편지를 썼다. 평생 동안 감사를 표현하고 살지 않은 그로서는 정말 어려운 일이었다. 그 어려운 일을 하면서 그는 지금껏 큰아들에게 너무 소홀했다는 것을 깨달았다. 두 번째 감사 편지 대상은 작은아들이었다. 역시 작은아들에게도 미안한 마음이 우러났다. 그는 두 아들에게 감사 편지를 쓰면서 명상이나 요가보다 감사 편지가 더 가치 있다는 생각이 들었다. 감사 편지 덕분에 그는 두 아들과의 관계를 회복시킬 수 있었다.

그는 15개월 동안 모두 365통의 감사 편지를 썼다. 365번째 감사 편지를 마쳤을 때 그는 완전히 다른 사람이 되어 있었다. 감사할 줄 아는 사람으로 변해 있었다. 절망보다 희망을 생각하는 사람으로 변해 있었다.

이 일화는 감사의 힘을 여실히 보여준다. 이것이 남의 일처럼 느껴지는가? 원래부터 훌륭한 사람만 할 수 있고, '나'는 할 수 없는 일처럼 느껴지는가? 결코 그렇지 않다. 감사는 공평하다. 누구에게나 그 힘을 부여한다.

나는 이 일화를 접하고 우선 생각나는 사람 10명에게 감사의 문자를 보냈다. 문자를 받은 사람들은 당황하면서도 기분 좋아했다. 사람을 기분 좋게 하는 것만큼 가치 있는 일이 또 무엇이겠는가. 쓰자. 감사를 쓰자. 메모든, 일기든, 편지든, 이메일이든. 감사를 쓰는 것은 세상에 좋은 씨앗을 뿌리는 일이다.

백만 불짜리 감사 습관

나는 브라이언 트레이시가 쓴 《백만 불짜리 습관》을 보면서 습관의 중요성을 깊이 알게 되었다. 《백만 불짜리 습관》은 내가 성경 다음으로 많이 읽은 책이다. 이 책을 읽고서 삶의 질을 높이는 데 가장 중요한 것은 습관이며, 성과를 내는 모든 사람들은 95퍼센트가 습관의 결과라는 것을 발견했다. 나는 이 책을 열 권이나 새로 구입해서 중요한 부분에 밑줄을 치면서 읽었다. 습관이 운명을 결정짓는다는 것을 느꼈고, 그래서 좋은 습관을 만들기 위해 자주 읽고, 삶에 적용했다.

중요한 습관 중 하나는 바로 감사하는 태도이다. 감사 습관을 들이면 삶의 질을 높이고 발전시킬 수 있다. 멋진 성품을 가질 수 있다. 나는 감사 습관을 들이기 위해 힘들고 고통스럽고 어려울 때 감사한 일을 적어 보았다. 자세하게 목록을 작성하다 보니, 현재 가진 것에 감사할 일이 너무 많았다.

감사 습관을 잘 들이려면 바른 행동 원칙이 필요하다. 그 행동 원칙 5개 사항을 소개한다.

1. 결심하면 바로 시작하기

2. 아침 기상 후 원하는 목표와 감사 목록 쓰기

3. 목표와 감사 목록을 시각화하기

4. 다른 사람에게 감사 표현하기

5. 기상 후 또는 취침 전에 목표와 감사 목록을 반복해 말하기

다음은 감사 일기 습관화에 도전하려는 사람들을 위해 몇 가지 예를 제시한다.

예1) 나에게 감사하기

하루를 시작할 수 있어서 감사합니다.

좋은 운을 주셔서 감사합니다.

밥을 맛있게 먹을 수 있어서 감사합니다.

걸을 수 있어서 감사합니다.

오늘도 즐겁게 살았습니다. 감사합니다.

예2) 가족에게 감사하기

어머니, 건강하셔서 감사합니다.

항상 응원해주는 동생아, 감사합니다.

제 곁에 있어 주셔서 감사합니다.

우리 가족들 건강한 것 감사합니다.

가족의 소중함을 알게 해주셔서 감사합니다.

예3) 직장에서 감사하기

함께 일할 수 있어서 감사합니다.

지각했지만 늦게라도 아무 일 없이 출근해서 감사합니다.

좋은 관계를 만들어주셔서 감사합니다.

예4) 이웃에게 감사하기

함께 살아 주셔서 감사합니다.

에너지를 주셔서 감사합니다.

예5) 사회, 국가에 감사하기

정치를 잘해 주셔서 감사합니다.

세금을 잘 낼 수 있게 해주셔서 감사합니다.

예6) 신께 감사하기

오늘 하루를 주셔서 감사합니다.

일용할 양식을 주셔서 감사합니다.

저에게 사랑하는 마음을 주셔서 감사합니다.

저의 기도를 들어주셔서 감사합니다.

노벨 평화상 수상자이며 티베트의 영적 지도자 달라이 라마는 "우리의 삶의 목표는 행복에 있다"라고 말했다. 그 행복은 우리 마음 안에 있다. 우리가 불행하다고 느끼는 것은 만족하지 못하기 때문이다. 현재의 삶에 만족하지 못하면 행복을 느끼지 못한다.

누구나 행복을 원하고, 그 행복이 지속하기를 원한다. 그것을 이루는 최선의 방법은 감사다. 감사는 긍정적인 생각을 키우고 부정적인 생각을 물리친다. 물질보다 마음을 우선으로 여긴다. 불행도 행복으로 바꾼다. 감사는 그만큼 힘이 세다. 감사가 행복을 불러오는 것을 믿고 감사하며 살자.

감사가 답이다.

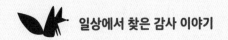

봄들애 인문학연구소 대표님의
모든 상황에 대해 감사

차 한잔 하면서 봄들애 연구소장님이 들려주신 이야기
다. 맑고 밝은 인상 때문인지 이런 생각을 했다. 감사하
면 이렇게 빛나는구나. 어려움없이 순탄한 삶을 사셔서
환하다 느낌을 가졌다. 이런 어려움을 겪었는지 알지 못
했다. 이야기를 듣는 내내 그분의 아픔에 공감하고, 잘
극복해 소장님이 대견하고 존경스럽기까지 했다. 얘기를
듣는 내내 정말 감사했다.

아빠가 몇 년 전 뇌경색으로 쓰러지신 후 경제적으로 어려워졌
습니다. 엄마께서 아이들까지 돌봐주시느라 본인의 몸과 정신을
돌볼 시간이 없으셔서 많이 힘들어 하셨습니다. 다행히 아빠께서
회복되시면서 엄마도 올해부터 다시 마음을 바꿔 봄들애 교육을

듣고, 책도 읽고, 새로운 꿈에 도전하기 시작하셨습니다. 이 모든 상황에 감사합니다.

봄들애 연구소가 어려운 상황에서 시작했지만 4년간 무탈하게 성장하고 있어서 감사합니다.

첫째 아들이 자가면역 질환(길랑바레 증후군)을 심하게 앓았었는데, 정말 운이 좋게도 다시 건강하게 회복되어 감사합니다.

어느 날 어제까지 뛰어다니던 세 살배기 아들이 일어나질 못했습니다. 억지로 일으켜 세우면 갓 태어난 망아지처럼 다리를 흔들며 겨우 일어났습니다. 근처 큰 병원 응급실로 데리고 갔지만, 원인을 알 수 없었습니다. 응급실 의사 선생님이 길랑바레 증후군인 것 같다고 이야기했습니다. 수십만 분의 일의 확률로 걸리는 희귀질환이라는 이야기와 더 큰 병원으로 가야 한다는 이야기에 나는 겁에 질렸습니다. 그길로 아이를 안고 서울 삼성병원 응급실로 갔습니다. 그곳에서는 우선 척수 검사부터 해야 한다며 조그만 아이를 어른 4명이 짓눌러 척추에 기다란 바늘을 꽂았습니다. 우리 부부는 문 밖으로 쫓겨나 숨을 죽인 채 아이의 울부짖는 소리를 듣고 있을 수밖에 없었습니다.

검사결과 길랑바레 증후군 중에서도 더 특별한 케이스인 밀러피셔 증후군을 진단 받았습니다. 딱히 치료제가 없다는 청천벽력과 같은 결과도 들었습니다. 백혈구가 온몸에 있는 신경 다발을 공격하는 자가면역 질환이었습니다. 아이의 손발은 더욱더 심하게 마비되기 시작했습니다. 소변도 가리지 못하게 되어 소변 줄을 끼웠습니다. 백혈구를 없애는 면역글로블린 링거를 3통 정도 맞아 모든 백혈구를 죽이는 치료를 해야 했습니다. 치료 후 새로 생기는 백혈구가 신경을 공격하지 않으면 아이는 사는 것이고, 만약 백혈구가 신경을 공격하면 아이의 목숨이 사라지는, 천운에만 맡겨야 하는 치료 아닌 치료였습니다. 아이는 CT 촬영을 위해 마취제를 맞았습니다. 그리고 잠결에 우리를 향해 웃어주었습니다. 그 모습을 보고 우리 부부는 서로 부둥켜안고 병원 복도에서 통곡했습니다.

그런데 아이가 기적적으로 회복되었습니다. 지금은 건강하게 아홉 살이 되었습니다. 아이를 볼 때마다 감사하고, 건강 그 외에는 아무것도 바라는 것이 없습니다. 나는 자녀의 존재 자체에 감사하는 엄마가 되었습니다. 그 마음이 오늘 하루 열심히 살아가는 열쇠가 됩니다.